dtv

Hans Küng · Klaus M. Leisinger · Josef Wieland

Manifest
Globales Wirtschaftsethos
Konsequenzen und Herausforderungen für die Weltwirtschaft

Manifesto
Global Economic Ethic
Consequences and Challenges for Global Businesses

Deutsch / Englisch
German / English

Deutscher Taschenbuch Verlag

Translated into English by
Thomas Riplinger (Manifesto)
John Skinner (Leisinger)
and Michael Dobbins (2 × Wieland)

Aus dem Englischen
von Silvia Weirich (Sachs)

**Ausführliche Informationen über
unsere Autoren und Bücher
finden Sie auf unserer Website
www.dtv.de**

Originalausgabe
2010
Deutscher Taschenbuch Verlag GmbH & Co. KG, München

Umschlagkonzept: Balk & Brumshagen
Herstellung und Gestaltung: Eberhard Delius, Berlin
Satz: Reihs Satzstudio, Lohmar
Gesetzt aus der Minion und Scala
Druck und Bindung: Druckerei C.H.Beck, Nördlingen
Gedruckt auf säurefreiem, chlorfrei gebleichtem Papier
Printed in Germany · ISBN 978-3-423-34628-3

*»Die in dieser Erklärung ausgesprochenen Prinzipien
können von allen Menschen mit ethischen Überzeugungen,
religiös begründet oder nicht, mitgetragen werden.«*

*»The principles in this manifesto
can be endorsed by all men and women
with ethical convictions,
whether these be religiously grounded or not.«*

Inhalt

Content

Manifest
Globales Wirtschaftsethos

Konsequenzen
und Herausforderungen
für die
Weltwirtschaft

Vorwort

Die wirtschaftliche Globalisierung der Welt so zu gestalten, dass sie zu einem nachhaltigen Wohlstand aller führt, wird die Agenda politischen und ökonomischen Handelns und Entscheidens für die nächsten Jahrzehnte bestimmen. In diesem Sinne setzt erfolgreiche Globalisierung transnationale Kooperationsbereitschaft und Kooperationsfähigkeit der Akteure zum wechselseitigen Vorteil voraus. Gelingt es nicht, diese herzustellen, ist eine der Alternativen ein Versinken der Welt in nationale, regionale und individuelle Egoismen zum Schaden aller.

Produktive Kooperation setzt in einem ganz fundamentalen Sinne ein Mindestmaß an gemeinsamen, global akzeptierten rechtlichen und moralischen Spielregeln für das Wirtschaften voraus sowie wirksame Institutionen und Organisationen zu deren Schaffung und Durchsetzung. Weit davon entfernt, darüber in einem ausreichenden Maße zu verfügen, ist der Prozess der Globalisierung heute eher durch ein massives Institutionen- und Organisationsdefizit gekennzeichnet, das es durch das Engagement von Menschen aus allen Teilen der Welt zu beheben gilt. Ein Aspekt dieser Bemühungen ist die Schaffung global geteilter moralischer Werte und Tugenden für das wirtschaftliche Leben. Die Entwicklung transkultureller Wertvorstellungen als einem gemeinsamen Band im wirtschaftlichen Handeln und Entscheiden ist dabei von entscheidender Bedeutung. Das Institutionen- und Organisationsdefizit der Globalisierung weist den individuellen Tugenden eine neue und erhöhte Bedeutung zu.

Das in diesem Buch dokumentierte und diskutierte *Manifest für ein Globales Wirtschaftsethos* ist ein Diskussionsvorschlag zur

Sache. Es wurde am 6. Oktober 2009 in einer Veranstaltung im Rahmen des UN-Global Compact im UN-Hauptquartier in New York der Öffentlichkeit vorgestellt. Es ist daher nicht ohne Grund, dass alle Autoren dieses Bandes die enge Verbindung zwischen dem »Global Economic Ethic« und dem »Global Compact« der UN betonen. Das Manifest, so jedenfalls eine der Intentionen der Verfasser, ist eine individual- und tugendethische Fundierung der Managementprinzipien des UN-Global Compact.

Die Erstunterzeichner des Manifests sind globale Führungspersonen aus Wirtschaft, Politik und Religion. Das Manifest basiert auf der von der Tübinger Stiftung Weltethos vorgeschlagenen »Erklärung des Parlaments der Weltreligionen zum Weltethos« und benennt die zentralen Tugenden und Werte sowie die hauptsächlichen Managementfelder für die Praxis einer globalen Wirtschaftsethik.

In seinem einleitenden Vorwort hebt Jeffrey Sachs die mit dem Manifest verbundenen Ziele vor dem Hintergrund der Zielsetzungen des »Millennium Development«-Projektes der UNO hervor, extreme Armut und Hunger zu reduzieren, und unterstreicht so die Bedeutung einer globalen Kooperation und einer globalen Ethik auch im Hinblick auf diese Herausforderungen für die Weltbevölkerung.

Im Anschluss an diesen Beitrag wird das Manifest in seinem Wortlaut veröffentlicht.

Hans Küng zieht die Verbindungslinien zwischen dem Weltethos der Weltreligionen und dem *Manifest für ein globales Wirtschaftsethos*. Beide gehen davon aus, dass die Entwicklung menschlicher Zivilisation einhergeht mit der Herausbildung von Tugenden und Werten, die global im praktischen Handeln geteilt werden können und müssen, weil ohne sie genau diese Zivilisation nicht möglich ist.

Klaus M. Leisinger zeigt in einer eingehenden Studie die

Konsequenzen und Herausforderungen des Manifests für die Führung von Unternehmen und vor allem für die Entwicklung von Führungskräften. Ohne eine werteorientierte Führungskultur und einen an moralischen Maßstäben ausgerichteten Führungsstil, so seine Überzeugung, ist in der modernen Ökonomie ein nachhaltiger wirtschaftlicher Erfolg nicht sicherzustellen.

In meinem eigenen Beitrag erläutere ich die Konzeption des Manifests und seine wesentlichen Aussagen. Darauf aufbauend versuche ich dann die praktischen Konsequenzen für das Management von Unternehmen aufzuzeigen, die sich in dem Begriff des »Transkulturellen Wertemanagements« zusammenfassen lassen. Im abschließenden Aufsatz dieses Buches erläutere ich die Funktionsweise eines »WerteManagementSystems«, so wie es heute von vielen Unternehmen betrieben wird, und gebe eine detaillierte Liste von Aufgabenstellungen für den Geschäftsalltag, wie sie sich aus dem Standard für Wertemanagement des Zentrums für Wirtschaftsethik ergeben.

Das Manifest und die soeben eingeführten Aufsätze verstehen sich als Anregungen zur Diskussion eines globalen Ethos der Wirtschaft. Um dies auch weltweit zu ermöglichen, erscheint das Buch in deutscher und englischer Sprache. Wenn es mit dieser Initiative gelingt, einen Beitrag zu diesem unausweichlichen und notwendigen Diskurs zu liefern, hat sie den Zweck, den die Herausgeber dieses Buches damit verfolgen, erfüllt. An dieser Stelle möchte ich mich bei Frau Géraldine Kortmann-Sene für ihre Unterstützung bei den redaktionellen Vorbereitungen zu diesem Band bedanken.

Konstanz, im März 2010
Josef Wieland

Globales Wirtschaftsethos: Entscheidend für eine nachhaltige Entwicklung

Ein Vorwort von Jeffrey Sachs*

Das Manifest »Globales Wirtschaftsethos« ist ein wegweisender Schritt in Richtung nachhaltiger Entwicklung. Hans Küng, einer der größten moralischen Vorbilder und Wissenschaftler, sagt schon seit Langem, dass die Globalisierung ohne globale Ethik keinen Erfolg haben kann. Banker, Politiker und Wirtschaftswissenschaftler haben oft dagegengehalten, dass Märkte technische Einrichtungen sind, die keine moralischen Unterbauten benötigen. Doch durch die gegenwärtige Wirtschaftskrise haben sich Hans Küng und seine Mitautoren als die besseren Diagnostiker erwiesen. Wir durchleben gerade sowohl eine moralische als auch eine finanzielle Krise. Innerhalb unserer Länder wie auch weltweit wird unsere Fähigkeit, das Gute der Wissenschaft und der Technik sowie das Potenzial der globalen Marktwirtschaft zu nutzen, dadurch verhindert, dass wir nicht das Beste des menschlichen Geistes nutzen können. Das »Globale Wirtschaftsethos« lässt uns auf eine neue Wirtschaft hoffen, die auf den gemeinsamen humanitären Grundsätzen basiert.

Zur gegenwärtigen Zeit lässt sich sagen, dass eine gigantische Gelegenheit verpasst wird. Wir leben in einer Zeit, in der die Wunder der Wissenschaft und Technik die Möglichkeit bie-

*Direktor des Earth Institute der Columbia Universität und Sonderberater des UN-Generalsekretärs Ban Ki-Moon für die UN-Millenniumsziele

ten, die Geißel der Menschheit, nämlich die extreme Armut und ihre ungezählten Begleiterscheinungen, zu beenden. Ungefähr neun Millionen Kinder sterben jedes Jahr vor ihrem fünften Geburtstag, weil ihnen der Zugang zu Grundnahrungsmitteln und zu medizinischer Grundversorgung, die sie am Leben halten könnten, fehlt. Früheren Geißeln der Menschheit wie Malaria und verschiedenen Wurminfektionen lässt sich nun vorbeugen, und sie können mit neuen, beeindruckenden Eingriffen und Medikamenten behandelt werden. Für die verarmten Bevölkerungsteile, die diese benötigen, stehen sie jedoch noch nicht im großen Umfang zur Verfügung. Hunderte Millionen Menschen leben mit chronischem Hunger und daher auf der Schwelle zwischen Überleben und Sterben, nur weil ihnen nicht geholfen wird, mit Hilfe der Wunder der modernen Agrarwissenschaft mehr Nahrungsmittel zu erzeugen, zum Beispiel mit verbesserten Bodennährstoffen, Hochertragssaaten aus konventioneller Saatzucht oder neuen Methoden der Pestkontrolle und Landschaftsgestaltung.

Und doch stoßen wir jeden Tag auf eine andere extreme Erkenntnis, nämlich dass das Problem nicht in unzureichenden Vorräten liegt, sondern in einer mangelnden moralischen Orientierung. Das Weltfinanzsystem wurde durch skrupellose Bankmethoden, die systemische Risiken ohne Kontrollmechanismen aufbauten, in Not gebracht, da die Banken erfolgreich ihre Interessenpolitik betrieben, um Kontrollen ihrer fragwürdigen Praktiken vermeiden zu können. Wir haben erfahren, dass Banken oftmals gegen genau die Wertpapiere wetteten, die sie der Öffentlichkeit verkauft hatten. Und als diese Bankmethoden das Weltsystem in die Knie zwangen und die Steuerzahler der Welt aufgerufen wurden, genau jenen Banken aus der Klemme zu helfen, die diesen Aufruhr verursacht hatten, machten die Banker eine Kehrtwendung und verwendeten die Kautionsgelder, um ihre üppigen und übergroßen Boni beizubehalten.

Natürlich ist die Öffentlichkeit zutiefst enttäuscht über diese Wende der Ereignisse, aber die Verärgerung wird nur mangelhaft zum Ausdruck gebracht und sogar noch unzureichender in Staatspolitik umgesetzt. Zweifellos ist das Fehlen eindeutiger ethischer Standards, die die Geschäftspraktiken regeln, ein Teil des Problems. Die Öffentlichkeit hat keine eindeutigen Fixpunkte, was Bankboni und Mega-Entschädigungen von Managern in der Wirtschaft im Allgemeinen betrifft, und erleidet daher massiven Missbrauch durch mit der Politik verbundene Firmen, die durch ihre Wahlkampfbeiträge und ihre umfangreichen Aufwendungen für Lobbyarbeit in der Lage sind, die ablehnende öffentliche Meinung zu überwinden.

Zum chronischen Mangel an Achtung der Armen dieser Welt und zu den schäbigen Geschäftspraktiken vieler weltführender Firmen kommt als Drittes der Moralverfall unserer Zeit hinzu: das Fehlen effektiver Entscheidungen, die Erde physisch vor Schädigungen zu schützen, die vom unkontrollierten Gebrauch der natürlichen Ressourcen herrühren. Wieder einmal übermittelt die Wissenschaft der Weltgesellschaft eine schockierende Nachricht. Unsere wirtschaftliche Produktivität überrennt das Lebenserhaltungssystem der Erde. Wir als Weltgesellschaft verbrennen so viele fossile Brennstoffe, verbrauchen so viel Trinkwasser, holzen so viel Regenwald ab und lagern so viel Stickstoff und Phosphor als Dünger ab, dass diese Handlungen zusammengenommen – im wahrsten Sinne des Wortes – das Ökosystem gefährden, von dem unser Überleben und unsere Gesundheit abhängen. Dennoch sind unsere Reaktionen dürftig. Eine große Versammlung nach der anderen, gefolgt von Untätigkeit. Mächtige Staaten schieben die Verantwortung auf die Schwachen, während die derzeitige Generation die Verantwortung auf die folgenden Generationen schiebt, die bald einen zerstörten Planeten erben werden.

Diese Probleme betreffen Institutionen, Organisationen, die

Technik und das öffentliche Verständnis. Aber wie Hans Küng, Klaus M. Leisinger und Josef Wieland hervorragend deutlich machen, sind dies auch Probleme einer moralischen Handlungsweise. Ethische Standards werden benötigt, um das öffentliche Verständnis und Handeln nutzbar zu machen, und diese ethischen Standards müssen von den Wirtschaftsführern angenommen werden, die innerhalb und im Auftrag privater Unternehmen handeln, von Politikern, die als gewählte Repräsentanten gemeinsamer Aktivitäten handeln, und von den Bürgern, die als Mitglieder einer nun globalen Gemeinschaft handeln und als die derzeitigen Treuhänder eines Planeten, der die Heimat unzähliger kommender Generationen sein wird.

Die Wirtschaft ist in Reichweite und in ihrer Organisation global geworden, die Lücken zwischen Wohlstand und Armut haben weltweit Auswirkungen auf Frieden und Stabilität, und der Schaden, den der Mensch in der Natur anrichtet, hat ein noch nie da gewesenes globales Ausmaß angenommen. Dennoch bleiben unser kulturelles Verständnis und unsere ethischen Ansichten, soweit sie aufgerufen werden, oftmals schockierend regional. Dies stellte für Hans Küng und seine Kollegen eine große Herausforderung dar. Kann es eine wahrhaftig globale Ethik geben – eine, die sowohl das Herz als auch den Verstand erobert –, die Religionen, Kulturen, ethnische Gruppen und Sprachen umfasst, in der Weise, wie Unternehmen über Staatsgrenzen, riesige Ozeane und verschiedene Ökosysteme hinausreichen?

Beim Lesen dieser Beiträge schlägt einem das Herz höher, denn wir sind davon überzeugt, dass die Antwort »Ja« lautet. Wenn wir uns einer globalen Gesellschaft und Wirtschaft genähert haben – und damit leider auch einer globalen Bedrohung der Ökosysteme –, dann können wir uns auch einem globalen Verständnis und einer ethischen Kraft nähern, die auf den zahllosen unterschiedlichen Traditionen und Religionen, die die regionalen und nationalen Gesellschaften vorantreiben, aufbaut, statt sie zu bedrohen. Das »Globale Wirtschaftsethos« ist eine schlüssige Betrachtung dieser Möglichkeit. Es ist eine Arbeit von intellektueller Genialität und eines weltumfassenden Wohlwollens, da Hans Küng und seine Kollegen tief im Innern der weltgrößten ethischen Traditionen geforscht haben, um dort die gemeinsamen Ziele und den sie belebenden Geist zu finden, der die Menschheit an einem Strang ziehen lässt, um die gemeinsamen Ziele zu erreichen.

Der rote Faden dieser Überzeugung quer durch die wichtigsten ethischen Traditionen drückt sich hervorragend und schlüssig im Grundprinzip der Humanität aus, und von dort werden die zentralen Werte der Gewaltlosigkeit, der Achtung des Lebens, der Gerechtigkeit und Solidarität, Ehrlichkeit und Toleranz, der gegenseitigen Achtung und der Partnerschaft dargelegt. »Mensch zu sein muss der ethische Maßstab jeder wirtschaftlichen Handlung sein«, und das Grundprinzip der Humanität beinhaltet die grundlegende Bedeutung, die in der Erfüllung der Grundbedürfnisse aller Menschen liegt, »so dass sie in Würde leben können«. Dort finden wir die Forderungen nach Respekt und Toleranz, nach Recht auf Leben und seine Entwicklung, nach dem nachhaltigen Umgang mit der natürlichen Umwelt, nach dem Rechtsstaat, nach Verteilungsgerechtigkeit und Solidarität, nach den wesentlichen Werten der Aufrichtigkeit, Ehrlichkeit und Zuverlässigkeit und nach den beiden Kernwerten der gegenseitigen Achtung und des Respekts.

Klaus M. Leisinger trägt diesen ethischen Rahmen ausgezeichnet in das Innere des Wirtschaftslebens, indem er zeigt, wie die Wirtschaft selbst eine Handlungsgemeinschaft ist, die Arbeiter und Manager, Kunden und Lieferanten sowie die Wirtschaft selbst mit größeren Teilen der Gesellschaft verbindet, so dass sie nur dann als Gemeinschaft gedeihen kann, wenn ethische Standards für das Handeln und für das Wohlergehen der Gemeinschaft existieren. Das Unternehmen muss ein moralisches Subjekt sein und in diesem Sinne sich von moralischer Selbstverpflichtung anleiten lassen. Aber wie sollten diese Verpflichtungen entstehen? Leisinger weist auf zwei wichtige Punkte hin. »Die Management-Eliten aller Institutionen haben jedoch immer eine besondere Verantwortung – auch in Unternehmen.« Die Unternehmensleitung muss den Ton und die Richtlinien für eine integere Geschäftstätigkeit festlegen. Dies erfordert moralisches Führungsverhalten, moralische Ausbildung und ethisch gesteuerte Leistungskriterien sowie Anreizsysteme. Leisinger, der Albert Schweitzer zitiert, überzeugt mit seiner Ansicht, dass »alles Nachdenken über Ethik eine Hebung und Belebung der ethischen Gesinnung zur Folge hat«, und seine Empfehlung, »Grundwissen in Ethik mit Gruppenarbeit an realen Fallstudien« zu kombinieren, ist ein kraftvoller und weiser Rat.

Josef Wieland gibt uns bei der Umsetzung des »Globalen Wirtschaftsethos« in Managementhandlungen durch eine Reihe schlüssiger Überlegungen und durch praktische Anleitungen ebenfalls eine immense Hilfestellung an die Hand. Wie Leisinger strebt auch Wieland an sicherzustellen, dass Grundsätze, vor allem Grundsätze von hoher Gesinnung, nicht ohne den festen Boden realer Wirtschaftsabläufe über und um uns treiben dürfen. Für Wieland liegt der Kern dieser Herausforderung darin, Interkulturalität zu managen und dabei aufzubauen auf »gemeinsame(n) moralische(n) Werte(n) und Erfahrungen«. Vielfalt ist real, aber das sind auch die »gemeinsamen und geteilten Grundsätze und Werte«, die ein »Netzwerk der Vielfalt« erschaffen können. Wieland führt uns Schritt für Schritt in die Struktur dieses Netzwerks ein und zeigt auf, wie Managementwerte in so spezifischen Bereichen wie der Compliance, der gesellschaftlichen Verantwortung des Unternehmens (CSR) und dem Personalmanagement in Unternehmenshandlungen umgesetzt werden können. Für Wieland ist die Komplexität der globalen Produktionssysteme, die sich weltweit und daher über Kulturen und politische Grenzen hinweg ausdehnen, kein Grund, die Suche nach gemeinsamen Werten zu meiden, sondern eher der Hauptgrund, warum solch eine Suche unverzichtbar ist. Gerade wegen dieser Komplexität des transkulturellen Managements ist »eine Wirtschaft ohne ein moralisches Fundament auf Dauer nicht möglich«. Werte und Ethik sind notwendige »informelle Steuerungsmechanismen« eines Unternehmens sowie einer jeden großen gesellschaftlichen Organisation.

Wir werden von diesen Aufsätzen und der Vorstellung eines globalen Wirtschaftsethos, das in solch eindeutigen und überzeugenden Worten dargestellt wird, ermutigt, erhellt und inspiriert. Sie zeigen uns einen Weg, wie die kulturelle Vielfalt positiv genutzt und wie ein gemeinsamer Nenner von allem, was uns scheinbar unüberwindbar voneinander trennt, gefunden werden kann. Sie geben uns das Vertrauen, dass wir uns die Wirtschaft nicht nur in technischen Begriffen vorstellen, sondern als einen Teil des von menschlichen Grundsätzen geleiteten menschlichen Rahmens. Selbst einem System, das so gewaltig und dynamisch ist wie das globale Marktsystem, darf nicht erlaubt werden, aus den Grenzen der Menschlichkeit selbst zu gleiten.

Am allerwichtigsten ist ihre Bitte, einander durch eine erneuerte und gesteigerte Wertschätzung unseres gemeinsamen Schicksals als Menschen und durch unsere gemeinsame Hoffnung auf Würde, Solidarität und Nachhaltigkeit zu respektieren. Die Aufsätze bekräftigen nochmals den Grundgedanken, dass das, was die Menschheit eint, weit wichtiger ist als alles, was sie trennen mag. Sie erinnern mich an die eloquenten Worte von John F. Kennedy bei seiner inspirierenden Suche nach Frieden zu seiner Zeit, eine Suche, die weiterhin den Weg des Friedens in uns erhellt:

Wir wollen unseren Meinungsverschiedenheiten gegenüber nicht die Augen verschließen; wir wollen aber unser Augenmerk auf unsere gemeinsamen Interessen und auf jene Möglichkeiten richten, durch die diese Differenzen sich beseitigen lassen. Wenn wir sie auch jetzt nicht bereinigen können, so können wir doch wenigstens dazu beitragen, dass die Vielfalt in der Welt erhalten bleibt. Denn letztlich bildet die Tatsache, dass wir alle Bewohner dieses Planeten sind, das uns im Tiefsten gemeinsame Band. Wir alle atmen die gleiche Luft, uns allen liegt die Zukunft unserer Kinder am Herzen, und wir alle sind sterblich.

(John F. Kennedy, Rede vor der The American University, Washington D.C., am 10. Juni 1963)

MANIFEST

Globales Wirtschaftsethos – Konsequenzen für globales Wirtschaften

Präambel

Die Globalisierung des wirtschaftlichen Handelns wird nur dann zum allgemeinen und nachhaltigen Wohlstand und Vorteil aller Völker und ihrer Volkswirtschaften führen, wenn sie auf die beständige Kooperationsbereitschaft und werteorientierte Kooperationsfähigkeit aller Beteiligten und Betroffenen bauen kann. Das ist eine der grundlegenden Lehren der weltweiten Krise der Finanz- und Gütermärkte.

Die Kooperation aller Beteiligten und Betroffenen wird nur dann verlässlich gelingen, wenn das Streben aller nach Realisierung des legitimen Eigeninteresses und nach gesellschaftlicher Wohlfahrt eingebettet ist in globale ethische Rahmenbedingungen, die allgemein als gerecht und fair akzeptiert werden. Eine solche Verständigung über global akzeptierte Normen wirtschaftlichen Handelns und Entscheidens, über ein Ethos der Wirtschaftens, existiert erst in ersten Anfängen.

Ein globales Wirtschaftsethos, also gemeinsame fundamentale Vorstellungen über Recht, Gerechtigkeit und Fairness, baut auf moralischen Prinzipien und Werten auf, die seit alters her von allen Kulturen geteilt und durch gemeinsame praktische Erfahrung getragen werden.

Wir alle in unseren Funktionen als Unternehmer, Investoren, Kreditgeber, Mitarbeiter, Konsumenten und unsere jeweiligen Interessensverbände in allen Ländern der Welt tragen gemeinsam mit politischen und staatlichen sowie internationalen Organisationen und Institutionen wesentliche Verantwortung für die Herausbildung und Umsetzung eines solchen globalen Wirtschaftsethos.

Aus diesen Gründen unterstützen die Unterzeichner diese

Erklärung zu einem Globalen Wirtschaftsethos.

In dieser Erklärung werden die grundlegenden Prinzipien und Werte einer globalen Wirtschaft deklariert, so wie sie sich aus der Erklärung des Parlaments der Weltreligionen zum Weltethos (Chicago 1993) ergeben. *Die in dieser Erklärung ausgesprochenen Prinzipien können von allen Menschen mit ethischen Überzeugungen, religiös begründet oder nicht, mitgetragen werden.* Die Unterzeichner verpflichten sich, sich von Buchstaben und Geist dieser Erklärung in ihrem alltäglichen wirtschaftlichen Entscheiden, Handeln und Verhalten leiten zu lassen und sie so mit Leben zu erfüllen. Diese Erklärung zu einem Globalen Wirtschaftsethos nimmt die Gesetzlichkeiten von Markt und Wettbewerb ernst, will diese aber zum Wohl aller auf eine ethische Grundlage stellen. Gerade die Erfahrungen in der Krise des Wirtschaftslebens unterstreichen die Notwendigkeit international akzeptierter ethischer Prinzipien und moralischer Standards, die im Geschäftsalltag mit Leben erfüllt werden können und müssen.

I.
Das Prinzip der Humanität

Ethischer Bezugsrahmen: *Unterschiede zwischen den kulturellen Traditionen dürfen kein Hindernis sein, sich gemeinsam aktiv für den Respekt, den Schutz und die Erfüllung der Menschenrechte einzusetzen. Jeder Mensch – ohne Unterschied von Alter, Geschlecht, Rasse, Hautfarbe, körperlicher oder geistiger Fähigkeit, Sprache, Religion, politischer Anschauung, nationaler oder sozialer Herkunft – besitzt eine unveräußerliche und unantastbare Würde. Alle, der Einzelne wie der Staat, sind deshalb verpflichtet, diese Würde zu achten und ihren wirksamen Schutz zu garantieren. Auch in Wirtschaft, Politik und Medien, in Forschungsinstituten und Industrieunternehmen soll der Mensch immer Rechtssubjekt und Ziel sein, nie bloßes Mittel, nie Objekt der Kommerzialisierung und der Industrialisierung.*

Das Grundprinzip eines anzustrebenden Globalen Wirtschaftsethos ist Humanität. Sie soll ethischer Maßstab des wirtschaftlichen Handelns sein und konkretisiert sich in den folgenden Leitlinien für ein Wert schaffendes und an Werten orientiertes Wirtschaften zu allgemeinem Nutzen:

Artikel 1

Ethisches Ziel und zugleich gesellschaftliche Bedingung eines nachhaltigen ökonomischen Handelns ist es, für alle Menschen Rahmenbedingungen zu schaffen zur dauerhaften Deckung ihrer Grundbedürfnisse und für ein Leben in Würde. Daher ist bei wirtschaftlichen Entscheidungen als oberstes Gebot der Humanität darauf zu achten, dass sie die Herausbildung und Entwicklung derjenigen individuellen Ressourcen und Kompetenzen fördern, die notwendig sind für eine menschliche Entwicklung und ein gutes Miteinander.

Artikel 2

Humanität gedeiht nur in einer Kultur des Respekts vor dem Individuum. Die Würde und Selbstachtung aller Menschen, seien es nun Vorgesetzte, Mitarbeiter, Geschäftspartner, Kunden oder andere Interessensträger, sind unverletzlich. Sie dürfen weder durch individuelle Verhaltensweisen noch durch unwürdige Geschäfts- und Arbeitsbedingungen missachtet werden. Die Ausbeutung und Ausnutzung von Abhängigkeiten und die willkürliche Diskriminierung von Menschen sind unvereinbar mit dem Prinzip der Humanität.

Artikel 3

Gutes zu fördern und Böses zu meiden ist eine Menschenpflicht, die als moralischer Maßstab auch an wirtschaftliches Entscheiden und Handeln angelegt werden muss. Eigeninteressen zu verfolgen ist legitim, doch das Suchen des eigenen Vorteils durch eine gezielte Schädigung des Partners, also mit unethischen Mitteln, ist unvereinbar mit einem nachhaltigen Wirtschaften zum wechselseitigen Vorteil.

Artikel 4

Was du nicht willst, das man dir tut, das füg' auch keinem anderen zu. Diese seit Jahrtausenden in allen religiösen und humanistischen Traditionen bekannte *Goldene Regel* der Gegenseitigkeit fordert wechselseitige Verantwortlichkeit, Solidarität, Fairness, Toleranz und Achtung von allen Akteuren ein. Solche Haltungen oder Tugenden sind Grundsäulen eines globalen Wirtschaftsethos. Fairness im Wettbewerb und Kooperation zum wechselseitigen Nutzen sind grundlegende Prinzipien einer sich nachhaltig entwickelnden Weltökonomie, die im Einklang mit der *Goldenen Regel* stehen.

II.
Grundwerte für globales Wirtschaften

Die folgenden Grundwerte für globales Wirtschaften entwickeln das Grundprinzip der Humanität weiter und geben Empfehlungen für das Entscheiden, Handeln und Verhalten im praktischen Wirtschaftsleben.

Grundwerte: Gewaltlosigkeit und Achtung vor dem Leben

Ethischer Bezugsrahmen: *Wahrhaft Mensch sein heißt im Geist der großen religiösen und ethischen Traditionen, rücksichtsvoll und hilfsbereit zu sein, und zwar im privaten wie im öffentlichen Leben. Jeder Mensch, jedes Volk, jede Rasse und jede Religion soll den anderen Toleranz, Respekt, gar Hochschätzung entgegenbringen. Minderheiten – sie seien rassischer, ethnischer oder religiöser Art – bedürfen des Schutzes und der Förderung durch die Mehrheit.*

Artikel 5

Alle Menschen haben die Pflicht, das Recht auf Leben und auf seine Entfaltung zu achten. Die Ehrfurcht vor dem menschlichen Leben ist ein besonders hohes Gut. Jede Form von Gewalt als Mittel zum wirtschaftlichen Zweck ist abzulehnen. Sklavenarbeit, Zwangsarbeit, Kinderarbeit, körperliche Züchtigung sowie andere Formen der Verletzung international anerkannter Normen des Arbeitsrechts müssen zurückgedrängt und abgeschafft werden. Alle Wirtschaftsakteure müssen in erster Linie den Schutz der Menschenrechte in ihren eigenen Organisationen sicherstellen. Sodann müssen sie alle Anstrengungen unternehmen, dass sie in ihrem Einflussbereich nicht zu Menschenrechtsverletzungen ihrer Geschäftspartner oder anderer Parteien beitragen oder gar von ihnen profitieren.

Die gesundheitliche Beeinträchtigung von Menschen durch defizitäre Arbeitsbedingungen ist zu vermeiden. Arbeitssicherheit nach dem Stand der Technik, Produktsicherheit und die Unschädlichkeit der Produkte für die menschliche Gesundheit sind grundlegende Anforderungen einer Kultur der Gewaltlosigkeit und Achtung vor dem Menschen.

Artikel 6

Der nachhaltige Umgang mit der natürlichen Umwelt des Menschen durch alle Teilnehmer am Wirtschaftsleben ist ein hoher Wert des wirtschaftlichen Handelns. Die Verschwendung von natürlichen Ressourcen und die Verschmutzung der Umwelt sind durch Ressourcen sparende Verfahren und umweltschonende Technologien zu minimieren. Zukunftsfähige, möglichst erneuerbare Energie, sauberes Wasser und unverschmutzte Luft sind Elementarbedingungen des Lebens überhaupt, zu denen jeder Mensch Zugang haben muss.

Grundwerte: Gerechtigkeit und Solidarität

Ethischer Bezugsrahmen: *Wahrhaft menschlich sein heißt im Geist der großen religiösen und ethischen Traditionen: Wirtschaftliche und politische Macht darf nicht zum rücksichtslosen Kampf um Herrschaft missbraucht werden, sie ist vielmehr für den Dienst an den Menschen zu gebrauchen. Eigeninteresse und Wettbewerb dienen der Entwicklung der Leistungsfähigkeit und der Wohlfahrt aller Beteiligten. Daher sollen der gegenseitige Respekt, der vernünftige Interessenausgleich, der Wille zur Vermittlung und zur Rücksichtnahme herrschen.*

Artikel 7

Recht und Gerechtigkeit bilden füreinander Voraussetzungen. Verantwortung, Rechtschaffenheit, Transparenz und Fairness sind Grundwerte eines Wirtschaftslebens, das von Rechtstreue und Integrität gekennzeichnet ist. Die Einhaltung des je geltenden nationalen und internationalen Rechts ist eine Pflicht für alle Wirtschaftsakteure. Wo es Defizite in der Qualität oder der Erzwingung der Rechtsnormen eines Landes gibt, sind diese durch Selbstverpflichtungen und Selbstkontrolle auszugleichen; keinesfalls dürfen sie zu Gewinnzwecken ausgenutzt werden.

Artikel 8

Das Erzielen von Gewinn ist die Voraussetzung für die Wettbewerbsfähigkeit und den Bestand der Unternehmen und damit für dessen soziales und kulturelles Engagement. Korruption aber schadet dem Gemeinwohl, der Wirtschaft und den Menschen, weil sie systematisch zur Fehlallokation und zur Verschwendung von Ressourcen führt.

Die Zurückdrängung und Abschaffung aller korrupten und unlauteren Praktiken, wie etwa Bestechung und Kartellabsprachen, Patentverletzung und Industriespionage, erfordern ein präventives Engagement, das Pflicht für alle Handelnden in der Wirtschaft ist.

Artikel 9

Die Überwindung von Hunger und Unwissenheit, Armut und Ungleichheit der Lebenschancen in allen Ländern des Globus ist ein großes Ziel einer Gesellschafts- und Wirtschaftsordnung, die auf Chancengleichheit, Verteilungsgerechtigkeit und Solidarität zielt. Selbsthilfe und Fremdhilfe, Subsidiarität und Solidarität, privates und öffentliches Handeln sind je zwei Seiten einer Medaille. Sie konkretisieren sich vor allem in privaten und öffentlichen Investitionen im Wirtschaftssektor, aber auch in privaten und öffentlichen Initiativen zur Schaffung von Institutionen, die der Bildung aller Bevölkerungsteile und dem Aufbau eines Systems sozialer Sicherheit dienen. Grundlegendes Ziel all dieser Bestrebungen ist eine menschliche Entwicklung, die auf Förderung all jener Kompetenzen und Ressourcen abzielt, mit denen Menschen befähigt werden, ein selbstbestimmtes und menschenwürdiges Leben zu führen.

Grundwerte: Wahrhaftigkeit und Toleranz

Ethischer Bezugsrahmen: *Wahrhaft Mensch sein heißt im Geist der großen religiösen und ethischen Traditionen: statt Freiheit mit Willkür und Pluralismus mit Beliebigkeit zu verwechseln, der Wahrheit Geltung zu verschaffen; statt in Unehrlichkeit, Verstellung und opportunistischer Anpassung zu leben, den Geist der Integrität und Wahrhaftigkeit auch in den alltäglichen Beziehungen zwischen Mensch und Mensch zu pflegen.*

Artikel 10

Wahrhaftigkeit, Ehrlichkeit und Zuverlässigkeit sind Werte, ohne die nachhaltige und Wohlfahrt fördernde Wirtschaftsbeziehungen nicht gedeihen können. Sie sind Voraussetzungen für die Bildung von Vertrauen im zwischenmenschlichen Miteinander sowie im ökonomischen Wettbewerb. Zudem gilt es, das Recht auf Privatsphäre sowie persönliche oder berufliche Vertraulichkeit zu schützen.

Artikel 11

Die Vielfalt der kulturellen und politischen Überzeugungen, wie auch der individuellen Begabungen und der Kompetenzen von Organisationen sind eine mögliche Quelle der globalen Wohlfahrt. Ihre Kooperation zum wechselseitigen Vorteil setzt die Akzeptanz gemeinsamer Werte und Normen, gemeinsames Lernen und Toleranz gegenüber Anderssein voraus. Die Diskriminierung von Menschen wegen ihres Geschlechts, ihrer Rasse, ihrer Nationalität oder ihres Glaubens ist unvereinbar mit den Prinzipien eines globalen Wirtschaftsethos. Menschenverachtendes und menschenrechtsverletzendes Handeln ist nicht zu tolerieren.

Grundwerte: Gegenseitige Achtung und Partnerschaft

Ethischer Bezugsrahmen: *Wahrhaft Mensch sein heißt im Geist der großen religiösen und ethischen Traditionen: statt patriarchaler Beherrschung oder Entwürdigung, die Ausdruck von Gewalt sind und oft Gegengewalt erzeugen, gegenseitige Achtung, Verständnis, Partnerschaftlichkeit. Jeder und jede Einzelne hat nicht nur eine unverletzliche Würde und unveräußerliche Rechte; alle Menschen haben auch eine unabweisbare Verantwortung für das, was sie tun und nicht tun.*

Artikel 12

Wechselseitige Achtung und Partnerschaft der Beteiligten, gerade auch von Mann und Frau, ist sowohl Voraussetzung als auch Ergebnis wirtschaftlicher Kooperation. Sie basiert auf Respekt, Fairness und Aufrichtigkeit gegenüber dem Anderen, seien es nun die Verantwortlichen der Unternehmen, die Mitarbeiter, die Kunden oder andere Interessensträger. Achtung und Partnerschaft sind die unverzichtbare Basis, auf der auch die nicht intendierten negativen Konsequenzen wirtschaftlicher Interaktionen als gemeinsames Dilemma aller Involvierten akzeptiert und im gemeinsamen Bemühen aufgelöst werden können.

Artikel 13

Partnerschaft findet ihren Ausdruck auch in der Möglichkeit zur Teilhabe am Leben, den Entscheidungen und den Erträgen der Wirtschaft. Diese variiert je nach den kulturellen Voraussetzungen und den ordnungspolitischen Rahmenbedingungen eines Wirtschaftsraumes. Das Recht sich zusammenzuschließen und kollektiv seine Interessen verantwortungsbewusst wahrzunehmen ist jedoch ein Mindeststandard, der überall anzuerkennen ist.

Schluss

Alle Akteure sollen die international akzeptierten Verhaltensnormen des Wirtschaftslebens respektieren, schützen und an deren Verwirklichung im Rahmen ihrer Einflusssphäre mitwirken. Grundlegend dafür sind die von den Vereinten Nationen (UN) im Jahre 1948 proklamierten und inzwischen global anerkannten Menschenrechte und Menschenpflichten. Andere globale Leitlinien anerkannter transnationaler Institutionen, wie etwa der »Global Compact« der Vereinten Nationen, die »Declaration on Fundamental Principles and Rights at Work« der International Labour Organization (ILO), die »Rio Declaration on Environment and Development« und die UN »Convention Against Corruption«, um nur einige zu nennen, stimmen überein mit den in dieser Erklärung festgehaltenen Erfordernissen eines globalen Wirtschaftsethos.

Erstunterzeichner

Michel Camdessus, Gouverneur honoraire der Banque de France
Walter Fust, CEO, Global Humanitarian Forum
Margot Käßmann, Landesbischöfin von Hannover und Vorsitzende des Rates der Evangelischen Kirche in Deutschland
Georg Kell, Executive Director, UN Global Compact Office
Samuel Kobia, Generalsekretär des Ökumenischen Rats der Kirchen
Hans Küng, Präsident der Stiftung Weltethos
Karl Lehmann, Kardinal, Bischof von Mainz
Klaus M. Leisinger, CEO, Novartis Stiftung
Peter Maurer, Botschafter und ständiger Vertreter der Schweiz bei den Vereinten Nationen
Mary Robinson, Präsidentin von Realizing Rights: The Ethical Globalization Initiative
Jeffrey Sachs, Direktor, The Earth Institute, Columbia University
Juan Somavia, Generaldirektor der Internationalen Arbeitsorganisation (ILO)
Desmond Tutu, em. Erzbischof, Friedensnobelpreisträger
Daniel Vasella, Präsident des Verwaltungsrates, Novartis International
Tu Weiming, Professor für Philosophie, Harvard Universität und Peking Universität
Patricia Werhane, Professorin für Wirtschaftsethik, University of Virginia, Darden School of Business and DePaul University
James D. Wolfensohn, ehemaliger Präsident der Weltbank
Carolyn Woo, Dekanin, Mendoza College of Business University of Notre Dame

Die Erklärung wurde verfasst
von einer Arbeitsgruppe der Stiftung Weltethos:
Prof. Dr. Heinz-Dieter Assmann (Universität Tübingen)
Dr. Wolfram Freudenberg (Freudenberg-Gruppe)
Prof. Dr. Klaus M. Leisinger (Novartis Stiftung)
Prof. Dr. Hermut Kormann (Voith AG)
Prof. Dr. Josef Wieland (Hochschule Konstanz), federführend
Prof. h.c. Karl Schlecht (Putzmeister AG)

Von der Stiftung Weltethos:
Prof. Dr. Hans Küng (Präsident)
Prof. Dr. Karl-Josef Kuschel (Vizepräsident)
Dr. Stephan Schlensog (Generalsekretär)
Dr. Günther Gebhardt (Wissenschaftlicher Koordinator)

Tübingen, 1. April 2009

Die globale Wirtschaftskrise erfordert ein globales Ethos

Manifest für ein Globales Wirtschaftsethos

Hans Küng

Mit einem neuen Weltwirtschaftsethos aus der Krise?*

Meine grundsätzliche Antwort gleich zu Beginn: sicher *nicht allein mit* einem Weltwirtschaftsethos, aber ebenso sicher auch *nicht ohne* ein Weltwirtschaftsethos. Vielmehr ist unsere Auffassung: Gerade die Weltwirtschaftskrise erfordert ein Weltwirtschaftsethos! Für immer mehr Menschen ist klar: Die meisten gegenwärtigen Krisen – von der Weltfinanzkrise bis zur Krise des europäischen Fußballs – haben auch mit elementaren ethischen Standards zu tun. Und wie der Fußball global geltende Regeln braucht, so auch die Wirtschaft.

Natürlich kennen wir, die wir uns für ein Weltwirtschaftsethos einsetzen, die Einwürfe der Skeptiker und jener Schwarzseher, die Erklärungen dieser Art als nutzlos bezeichnen. Aber

*Dies war die Thematik unseres internationalen Symposiums, und ich danke herzlich der Novartis Stiftung für Nachhaltige Entwicklung und besonders ihrem um ein Weltwirtschaftsethos hochverdienten Präsidenten, Professor Klaus M. Leisinger, für sein ganz persönliches Engagement und die Ermöglichung dieses Symposiums am 27.11.2009 in Basel.

ich frage: Was wäre die Welt ohne die Allgemeine Erklärung der Menschenrechte, oder die Charta der Vereinten Nationen, oder auch die Zehn Gebote? Immer wieder wird gegen sie gehandelt, insofern ist alles Ethos kontrafaktisch. Aber immer wieder bilden ethische Normen die Mahnzeichen gegen Unmenschlichkeit und Verbrechen, bilden zugleich Motivation für politisches, soziales und ökonomisches Handeln – unter Umständen auch gegen mächtige Sonderinteressen und Kollektivegoismen nationaler und internationaler Unternehmen.

Andere wenden ein: Gibt es nicht Gesetze, die nur konsequenter angewendet werden müssten? Zugegeben: Die Überwindung der gegenwärtigen Krise erfordert die Ausschöpfung aller gesetzlichen Möglichkeiten. Aber: Gesetze genügen nicht! Wir alle wissen, wie schwach oft der politische Wille ist, gegen Gier, Betrug, Korruption und Größenwahn zu kämpfen, weil ihm eben kein ethischer Wille zugrunde liegt. Gesetze ohne Ethos haben keinen Bestand, und gesetzliche Bestimmungen können umgangen, verdreht, ignoriert, unterminiert werden ohne ein ethisches Bewusstsein, das auf einigen elementaren ethischen Standards basiert. Alles dies ist nicht nur eine Sache der Ethik des Einzelnen, sondern auch eine Sache der Unternehmensethik, ja betrifft die globale Marktwirtschaft als Ganze. Daher meine erste Überlegung:

1. Das Versagen der Märkte, der Institutionen und der Moral ruft nach einer ethischen Rahmenordnung

Jüngste Erfahrungen haben erwiesen, dass Beständigkeit und Nachhaltigkeit der Marktwirtschaft keineswegs garantiert sind. Man kann die Augen nicht davor verschließen, dass das Auftreten des globalen »Kapitalismus« völlig neuartige Risiken mit sich gebracht hat. Eine monokausale Erklärung der Krise der Marktwirtschaft in einer Nation oder Region wäre allerdings oberflächlich. Oft beobachten wir, dass in solcher Situation nicht ohne Grund gegenseitige Schuldzuweisungen erfolgen. Doch die Wirtschaft ist nicht an allem schuld, die Politik ist zumeist mitschuldig, und leicht erkennt der Durchschnittsbürger die Schuld in moralischen Defekten beider. Doch genügt es schon, dass einer der drei Faktoren – Wirtschaft, Politik oder Moral – nicht funktioniert, damit eine Firma, ein Konzern, ja das marktwirtschaftliche System als solches in ernsthafte Schwierigkeiten gerät.

Unsere Stiftung Weltethos hat – unter Berufung auf mein Buch »Weltethos für Weltpolitik und Weltwirtschaft« (1997) – in Baden-Baden 2001 ein hochkarätiges Kolloquium über »Globale Unternehmen – globales Ethos« (unter anderen mit den Chefs von BASF, Nestlé, Bundesbank, Altbundeskanzler Schmidt) durchgeführt. Ich konnte mich unter anderen auf den britischen Nationalökonom John Dunning, *Global Capitalism at Bay* (2001), berufen, der drei verschiedene Komplexe des Versagens des kapitalistischen Systems unterschied:

I. Ein Versagen der **Märkte** selber: *Moral hazard*, unangemessene makroökonomische Politik, exzessive Spekulation auf Immobilien- und Aktienmarkt …
II. Ein Versagen der **Institutionen**: unzureichendes Funktionieren von Regulierungs- und Überwachungssystem, von rechtlicher Infrastruktur und Finanzsystem, Mangel an Transparenz und inadäquate Bilanzstandards …
III. Ein Versagen der Moral, das dem Versagen der Märkte und Institutionen zugrunde liegt: Kasino-Kapitalismus, Bestechung und Korruption, Mangel an Wahrhaftigkeit, Vertrauen und sozialer Verantwortung, exzessive Raffgier der Investoren oder Institutionen, Bilanzfälschungen und illegale Manipulation der Märkte.

Alle drei Dimensionen, von Menschen gemacht, können von Menschen beeinflusst werden: die Märkte durch Verhalten der Kunden und Versorgungsstrukturen, die Institutionen durch vernünftige Regelungen, verpflichtende Standards, transparente Selbstverpflichtungen. Die Menschen haben deshalb die ethische Verantwortung für den Aufbau eines angemessenen institutionellen Rahmens für die Wirtschaft.

Wirtschaft braucht keine besondere Ethik, keine Sonderethik. Die Wirtschaft braucht sich nur an die allgemeinen ethischen Grundsätze zu halten, die für alle Lebensbereiche, auch für die Wirtschaft, gelten. Ethik ist aber nicht nur das Sahnehäubchen auf dem Kuchen, ist nicht nur eine nebensächliche Zugabe zur globalen Marktwirtschaft. Man spricht mit Recht von einer **ethischen Rahmenordnung**, einem »**Moral Framework**«, das in Interdependenz und Interaktion steht mit den wirtschaftlichen Funktionen der hauptsächlichen Institutionen, mit den Märkten, Regierungen, der Zivilgesellschaft und den supranationalen Organisationen.

Gewiss haben Sie es verstanden: Mit Ethos sind **nicht nur »moralische Appelle«** von außen gemeint, sondern **moralisches Handeln** aller Akteure von innen heraus. Leider braucht es auch in der Wirtschaft oft, wie in der gegenwärtigen Krise, den Leidensdruck, um einen Reformdruck zu erzeugen, der zur politischen Kraft und Aktion werden kann. Ich bin jedenfalls davon überzeugt: Die globale Marktwirtschaft wird in den verschiedenen Regionen und Nationen auf Dauer nur dann akzeptiert, wenn sie **sozial akzeptabel** und **ökologisch zukunftsfähig** ist. Wegen Korruption, Lügen, Gewalttaten, Kriegstreiberei, Unmoral können bekanntlich Regierungen abgewählt, ja Staaten zugrunde gerichtet werden.

Aber Sie werden fragen: Welche Elemente könnte und sollte diese ethische Rahmenordnung beinhalten? Da haben viele Zweifel: Ist ein globaler Konsens über elementare Werte und Standards überhaupt möglich? Daher meine zweite Überlegung:

2. Die Forderungen des UN Global Compact rufen nach kulturübergreifenden ethischen Werten und Standards

Selbstverständlich sind alle ethischen Werte und Standards kulturgebunden, aber es gibt Kernwerte und Grundstandards, die universale Geltung haben. Hier bietet der **UN Global Compact** (»Globaler Pakt der Vereinten Nationen«), 1999 von Generalsekretär Kofi Annan initiiert, einen wertvollen Ansatz. Ihm haben sich bis heute schon über 5200 Unternehmen und »Stakeholders« aus über 130 Ländern angeschlossen. Der Global Compact stellt vier Forderungen an das Verhalten von Unternehmen in der globalisierten Wirtschaft: (1) Respektierung und Unterstützung der Menschenrechte, (2) Annahme von verantwortungsvollen Arbeitsstandards, (3) Schutz der Umwelt entsprechend dem Vorsorgeprinzip und (4) Kampf gegen Korruption in all ihren Formen. All dies kann der Global Compact natürlich nur fordern aufgrund der Überzeugung, dass überall auf der Erde – also in allen Gesellschaften, Kulturen und Religionen – Menschen vergleichbare Grundpfeiler anerkennen für das konfliktfreie Zusammenleben und den gewaltlosen Ausgleich von Interessen.

Damit stimmt der UN Global Compact mit dem Ansatz der **Weltethos-Erklärung des Parlaments der Weltreligionen** von Chicago (1993) überein, deren Entwurf zu verfassen ich die Ehre und Last hatte. Sie wurde bestätigt durch den Vorschlag des InterAction Council früherer Staats- und Regierungschefs für eine »Allgemeine Erklärung der Menschenpflichten« (1997) und durch das Manifest für die UN »Crossing the Divide. Dialogue among Civilizations – Brücken in die Zukunft. Ein Manifest für den Dialog der Kulturen« (2001). Auf der Basis der Weltethos-Erklärung von Chicago will unser neues Manifest »**Globales Wirtschaftsethos – Konsequenzen für globales Wirtschaften**« den Global Compact vom ethischen Gesichtspunkt her unterstützen.

In dieser Weltethos-Erklärung von 1993 werden uralte Prinzipien aus allen großen ethischen und religiösen Traditionen der Menschheit auf heutige Situationen angewandt. Die Frage nach kulturübergreifenden globalen Werten und ethischen Standards, die von entscheidender Bedeutung für eine erfolgreiche globale Marktwirtschaft ist, kann also wirklich beantwortet werden, trotz aller offenkundigen Unterschiede zwischen den Kulturen. Dies führt mich zu meiner dritten Überlegung:

3. Ein solches Weltethos basiert auf den Prinzipien Menschlichkeit und Gegenseitigkeit sowie auf den Grundstandards Gewaltfreiheit, Fairness, Wahrhaftigkeit und Partnerschaft

Nach der Vorstellung unseres Manifests zu einem Globalen Wirtschaftsethos am 6. Oktober 2009 am UN-Hauptquartier in New York stellte ich es am 2. November 2009 auch an der berühmten Peking-Universität vor. Dabei fühlte ich mich in der schon vor Jahren gemachten Beobachtung bestätigt: China ist von seiner großen konfuzianischen Tradition her besonders offen für ein Weltethos. Stellt doch schon die Weltethos-Erklärung des Parlaments der Weltreligionen jene zwei Grundprinzipien heraus, die sich jetzt auch im Manifest zu einem Weltwirtschaftsethos wiederfinden: zwei ethische Grundprinzipien, die allen ethischen Werten und Standards zugrunde liegen: Menschlichkeit (chin.: »ren«) und Gegenseitigkeit (chin.: »shu«):

- Erstens das **Prinzip Humanität**, dessen konkrete Anwendung das Betriebsklima in jedem Büro, Fabrikraum, Verkaufsraum,

Unternehmen verändert: »Jeder Mensch (ob Mann oder Frau, weiß oder farbig, reich oder arm, alt oder jung) soll menschlich (und nicht unmenschlich, gar bestialisch) behandelt werden.«

- Und zweitens – das Humanitätsprinzip pragmatisch verdeutlichend – das **Prinzip »Gegenseitigkeit«** oder die **Goldene Regel**, wie sie sich schon in den »Gesprächen« des chinesischen Weisen Konfuzius, aber auch in der biblischen, koranischen und anderen Traditionen findet: »Was du nicht willst, das man dir tu, das füg auch keinem anderen zu.«

Die Weltethos-Erklärung von 1993 ist der ethische Bezugsrahmen dieses neuen **Manifests für ein »Globales Wirtschaftsethos«**. Das Prinzip Menschlichkeit, unterstützt durch die Goldene Regel der Gegenseitigkeit (Artikel 4), bildet auch die Grundlage (Teil I) dieser neuen Erklärung (Artikel 1–4).

Darauf bauen auf vier **Grundwerte und -standards** (Teil II), die schon zu finden sind in den Schriften von Patanjali, dem Begründer des Yoga, aber auch im buddhistischen Kanon und in allen großen religiösen und nichtreligiösen Traditionen. Sie strukturieren auch unsere Erklärung:

- Nicht morden, das heißt: die Verpflichtung auf eine Kultur der Gewaltlosigkeit und der Ehrfurcht vor dem Leben (vgl. Artikel 5–6)
- Nicht stehlen, das heißt: die Verpflichtung auf eine Kultur der Solidarität und einer gerechten Wirtschaftsordnung (vgl. Artikel 7–9)
- Nicht lügen, das heißt: die Verpflichtung auf eine Kultur der Toleranz und des Lebens in Wahrhaftigkeit (vgl. Artikel 10–11)
- Sexualität nicht missbrauchen, das heißt: die Verpflichtung auf eine Kultur der Gleichberechtigung und der Partnerschaft von Mann und Frau (vgl. Artikel 12–13).

Das Besondere, das Charakteristikum unseres Manifests – im Vergleich zu den zahlreichen anderen durchaus nützlichen Ethikerklärungen und Unternehmensleitsätzen – zeigt sich in zwei Dimensionen:

I. Die **Kontinuität** dieser Werte und Standards **in der Zeit**, die sich trotz aller Brüche durchhält. Diese Werte und Standards haben die Autorität der großen religiösen und ethischen Traditionen der Menschheit hinter sich, wie sie sich in zahllosen Zeugnissen der verschiedenen Kulturen im Lauf der Jahrhunderte niedergeschlagen haben. Sie sind also keine Erfindungen unserer Zeit, sondern stammen aus dem ethischen Erfahrungsschatz der Menschheit, der sich angesammelt hat, seit der Mensch, aus dem Tierreich aufsteigend, lernen musste, sich menschlich zu benehmen, lernen etwa nicht andere Menschen zu töten, wie er Tiere töten darf.

II. Die **Universalität** dieser Werte und Normen **im Raum**, die sich trotz aller offenkundiger kultureller Bedingtheit keineswegs zufällig manifestiert. In allen Kulturen waren die Menschen nämlich daran interessiert, das Leben, das Eigentum, die Ehre und die Geschlechtlichkeit unter einen besonderen Schutz zu stellen. Insofern sind die Werte und Normen Gewaltlosigkeit und Achtung vor dem Leben, Gerechtigkeit und Solidarität, Wahrhaftigkeit und Toleranz, gegenseitige Achtung und Partnerschaft keineswegs willkürlich gewählt, sondern in zentralen Lebensbereichen strukturell begründet.

4. Das Manifest für ein »Globales Wirtschaftsethos« ruft allen Betroffenen (»Stakeholders«) im globalen Wirtschaften ihre persönliche Verantwortung für die Humanisierung der globalen Wirtschaft in Erinnerung: Globalisierung erfordert ein globales Ethos

Vielleicht ist Ihnen aufgefallen, dass unser Manifest kein bestimmtes ethisches System, etwa das von Aristoteles oder Kant (»Ethik« im strengen Sinn), voraussetzt, sondern nur einige wenige elementare ethische Werte und Standards, welche nach empirischem Befund der ganzen Menschheit gemeinsam sind: »Ethos« als innere ethische Überzeugung oder Haltung, als persönliche Verpflichtung, sich im Leben an bindenden Werten, festen Standards und persönlichen Grundprinzipien oder Tugenden zu orientieren. Dieses Manifest bietet keine Antworten oder Patentrezepte für alle möglichen Einzelprobleme im Wirtschaftsleben oder in den damit verbundenen Bereichen der Bioethik, der Wissenschaftsethik oder der politischen Ethik. Es bietet ethische Grundlinien, an denen sich die jeweiligen Einzelentscheidungen orientieren können und sollen.

Das Manifest wurde von einer Gruppe von Wirtschaftswissenschaftlern, Unternehmern und Ethikern im Auftrag der Stiftung Weltethos verfasst. Federführend war Prof. Josef Wieland, Unternehmensethiker an der Universität Konstanz. Ihm und Prof. Klaus M. Leisinger, der sich wie kaum ein Zweiter für die Ausarbeitung und Verbreitung des Manifests eingesetzt hat, gilt an dieser Stelle mein besonderer Dank. Wenn die Stiftung Weltethos dieses Manifest einbringt, kann sie sich auf ihre Erfahrung in ethischen Fragen stützen, wie sie besonders in der bereits erwähnten »Erklärung zum Weltethos« von 1993 zum Ausdruck kommt.

Die Verfasser in der Stiftung Weltethos machten sich eingehend Gedanken über die Kriterien eines solchen Manifests. Es durfte ja keinesfalls als kasuistische Moralpredigt, auch nicht als enthusiastischer religiöser Verkündigungstext daherkommen. Vielmehr sollte es Realitätsbezug aufweisen, zugleich tiefere Ebenen von Ethik ansprechen und über enge Fachkreise hinaus verstehbar sein, um breiten Konsens finden zu können.

Deshalb vermeidet das Manifest Aussagen, die von vornherein von bestimmten ethischen und religiösen Traditionen abgelehnt werden könnten (zum Beispiel zum Zinsnehmen). Doch ruft es nicht nur Unternehmern, sondern allen Betroffenen (»Stakeholders«) im globalen Wirtschaften ihre persönliche Verantwortung für die Humanisierung der globalen Wirtschaft in Erinnerung: **Globalisierung erfordert ein globales Ethos.** Das Manifest zählt eine illustre Reihe von Erstunterzeichnern (siehe Ende des Manifests, Seite 35).

Jene Vorstellung dieses Manifests auf einem Symposium im UN-Hauptquartier in New York am 6. Oktober 2009 – organisiert von der Schweizer UN-Mission, dem UN Global Compact Office, der Novartis Stiftung und der Stiftung Weltethos – verstand sich – mit der Vorstellung in Peking und in Basel – zusammen als erster Schritt in einem dreifachen Prozess, um das Manifest den relevanten »Stakeholders« in Wirtschaft und Unternehmen vorzustellen und so eine weltweite Diskussion über Ethik und Wirtschaft anzuregen. Als weitere Schritte sind geplant: weitere Unterzeichner aus Unternehmen, Wirtschaftswissenschaft und Politik zu gewinnen und weitere Diskussionen des Manifests in Wirtschaftskreisen, Unternehmen und anderen relevanten Foren. Aber es können alle, Einzelpersonen wie Unternehmen, die das Manifest unterstützen, sich auf der Homepage des Manifests (www.globaleconomicethic.org) eintragen.

Um Missverständnisse zu vermeiden: Dieses Manifest ist kein juristisch bindendes Dokument, sondern ein Appell zu ethischem Verhalten. Mit Ihrer Unterschrift drücken die Unterzeichner aus, dass sie hinter den Analysen und Vorschlägen des

Manifests stehen und zur Entwicklung einer ethischen Rahmenordnung für die Weltwirtschaft beitragen wollen. Die Unterzeichner werden jedoch nicht verantwortlich gemacht werden für die Umsetzung von Forderungen und Vorschlägen, die in diesem Text zum Ausdruck kommen. An »Moralzertifikate«, ohnehin in der Praxis kaum zu realisieren, haben wir nicht gedacht.

Sie sehen: Unser Manifest ist kein repressives, sondern ein konstruktives und hilfreiches Dokument. Es bietet für jeden in diesen stürmischen Wassern ein Orientierungswissen als Navigationskarte, eine Karte mit klaren ethischen Koordinaten und schließlich einen Kompass: ein Gewissen, das auch in Krisen unbestechlich funktioniert, eine ethische Leitlinie für die schwierigen Entscheidungen, die in der harten Wirklichkeit des Alltags mit all den oft widersprüchlichen Anforderungen gefällt werden müssen. Wir bitten Sie alle herzlich um Ihre Unterstützung.

Unternehmensethik und Managerethik

Klaus M. Leisinger[1]

Die Globalisierung des wirtschaftlichen Handelns wird nur dann zum allgemeinen und nachhaltigen Wohlstand und Vorteil aller Völker und ihrer Volkswirtschaften führen, wenn sie auf die beständige Kooperationsbereitschaft und werteorientierte Kooperationsfähigkeit aller Beteiligten und Betroffenen bauen kann.

Manifest Globales Wirtschaftsethos

Neue »Zeichen der Zeit« als Folge der Finanz- und Wirtschaftskrise

In den letzten zwei Jahren hat sich im Meer der Berichterstattungen atmosphärisch etwas verändert:

- Die *Havard Business Review*, gewöhnlicherweise kein Organ, das dem Management großer Unternehmen in gesellschaftspolitischer Hinsicht reformerischen Eifer nahelegt, führt unter den »the ten trends you have to watch« als Trend 3 auf: »Trust in Business is running out« und verweist auf Umfragen der Firma Edelman (The Edelman Trust Barometer) nach dem »62% of adults in 20 countries trusted corporations less in December 2008 than they had a year earlier«. Die *Harvard Business Review* stellt dann die Frage »Why should this concern strategists?« und gibt die Antwort: »Because a low-trust environment makes everything about doing business more difficult«! Daher die Empfehlung: »The strategic imperative for most companies is to do what they can to regain the trust of stakeholders and to more effectively manage relationships with them. This starts at the top. Corporate leaders need to demonstrate to civil society that they understand popular and political concerns related to executive compensation, risk management, board oversight, and the treatment of employees facing layoffs. Regaining trust also means dispensing with the view that the only objective of management is to increase shareholder value. Broadening the list of key stakeholders to include employees, customers, suppliers, communities, the press, unions, government, and civil society will help companies to rebuild credibility.«[2]

- In derselben Ausgabe der *Harvard Business Review* ist unter dem Titel »Shareholders First? Not so fast …« ein Artikel zu finden, der belegt, dass die ausschließliche Konzentration der Bemühungen des Managements auf die Steigerung des Shareholder Values in vielen Fällen eben gerade nicht zu langfristigen Erfolgen führt, sondern Unternehmen nur kurzfristig und oberflächlich gut aussehen lässt: »Shareholder capitalism (…) doesn't motivate or engage the workforce in a way that engenders high performance. (…) Customers, for their part, care about the quality of the goods and services they're getting and how they're being treated – not about stock price. And suppliers seek partnerships based on trust and mutual commitment for the long term, not share appreciation.«[3]

Die *Harvard Business Review* nimmt den Faden im Januar 2010 noch einmal aus einer anderen Perspektive auf und lässt dem Shareholder Value Capitalism abschwören, weil er zum zu kurzfristigen Denken verführe. Stattdessen sollen die Interessen der (mit Bezug auf das Johnson & Johnson Credo sehr umfassend definierten) Kunden im Mittelpunkt der unternehmerischen Bemühungen stehen.[4]

- Die *Frankfurter Allgemeine Zeitung*, ebenfalls kein Ort wirtschaftsfeindlicher Auswüchse, kritisierte in einem Editorial auf der ersten Seite des Wirtschaftsteils eine falsche, weil zu unkritische und zu sehr auf kurzfristige Renditesteigerung ausgerichtete Ausbildungsmuster an Business Schools. Die FAZ nimmt damit eine von Sumantra Ghoshal[5] und Rakesh Khurana[6] angestoßene Diskussion auf. Lobend hervorgehoben wird eine Art hippokratischen Eides von Absolventen der Harvard Business School, der unter anderem die Passage enthält: »Ich werde stets mit der größtmöglichen Integrität handeln und meiner Arbeit in einer ethischen Weise nachgehen.« Die *FAZ* kritisiert in diesem Zusammenhang »falsche Anreizstrukturen« und die Tatsache, dass noch immer viele Arbeitgeber dazu neigen, »... jene Mitarbeiter zu befördern, die sich am besten in ein System einfügen. Querdenker gelten vielerorts als Querulanten.«[7] Forscher der Denkfabrik »Millennium Project« kommen in ihrer Arbeit zum Ergebnis, dass es 15 wesentliche Herausforderungen für die Zukunft gibt, und führen auf dieser Liste an siebter Stelle nach den Problemkategorien Klimawandel, Versorgung mit sauberem Wasser, Bevölkerungswachstum und Ressourcenmangel, autoritäre Regimes, Kurzfristigkeit der politischen Ziele und Überwindung des *digital divide* – noch vor der Bedrohung durch neue Krankheitserreger, Terrorismus, Massenvernichtungsmittel oder organisierte Kriminalität – »Ethisches Wirtschaften« auf.[8]

- Das 2009 *Edelman Trust Barometer* berichtet über den dramatischsten Vertrauensverlust von Unternehmen und ihrem

Führungspersonal seit zehn Jahren und zieht die Schlussfolgerung: »Business must make fundamental changes if it is to regain the license to operate.«

- Last but not least nimmt auch die im Juli 2009 veröffentlichte Sozialenzyklika *Caritas in Veritate* in verschiedenen Passagen deutlich Stellung zum Thema Wirtschafts- und Managerethik:
  - »Der Gewinn ist nützlich, wenn er in seiner Eigenschaft als Mittel einem Zweck zugeordnet ist, welcher der Art und Weise seiner Erlangung ebenso wie der seiner Verwendung einen Sinn verleiht. Die ausschließliche Ausrichtung auf Gewinn läuft, wenn dieser auf ungute Weise erzielt wird und sein Endzweck nicht das Allgemeinwohl ist, Gefahr, Vermögen zu zerstören und Armut zu schaffen.« (21);
  - »Die Würde der Person und die Erfordernisse der Gerechtigkeit verlangen, dass (…) die wirtschaftlichen Entscheidungen die Unterschiede im Besitztum nicht in übertriebener und moralisch unhaltbarer Weise vergrößern.« (32) und schließlich
  - »Die Wirtschaft und das Finanzwesen können, insofern sie Mittel sind, (…) schlecht gebraucht werden, wenn sich der Verantwortliche nur von egoistischen Interessen leiten lässt. So können an sich gute Mittel in schadenbringende Mittel verwandelt werden. Doch diese Konsequenzen bringt die verblendete Vernunft der Menschen hervor, nicht die Mittel selbst. Daher muss sich der Appell nicht an die Mittel, sondern an den Menschen richten, an sein moralisches Gewissen und an seine persönliche und soziale Verantwortung.« (36)

Natürlich sind diese Gedankengänge nicht völlig neu – sie sind seit vielen Jahren Bestandteil der wirtschafts- und unternehmensethischen Debatte. Allerdings ist neu, dass sich Stimmen zu Wort melden, die in der Vergangenheit zu diesen Themen nicht oder zumindest nicht so deutlich zu hören waren: Das ist eine ernst zu nehmende atmosphärische Veränderung. In dieser Situation möchte ich eine Metapher verwenden, von der mein Freund Vittorio Hösle vor vielen Jahren einmal im Kontext der ökologischen Krise Gebrauch gemacht hat: »Mitten auf einem zugefrorenen See am Krachen des Eises unter den eigenen Füssen zu erkennen, in welcher Gefahr man sich befindet, reicht nicht aus; Wege aus der Gefahr müssen gesucht werden. Und auch wenn ringsherum Nebelschwaden einen umhüllen, darf die Philosophie doch hoffen, durch das Licht, das sie verbreitet, das rettende Ufer zu erkennen; sie kann vielleicht die Richtung weisen, in der man weiterschreiten muss – eine Richtung, die dann nicht die der Rückkehr sein darf, wenn der Rückweg länger wäre als der Weg nach vorn.«[9]

Das vom heute zur Verfügung stehenden Wissen der Wirtschafts- und Unternehmensethik »verbreitete Licht« ist seit vielen Jahren jedem, der es finden möchte, zugänglich.[10] Grosso modo wird auf zwei Ansatzebenen für die Verbesserung der ethischen Qualität unternehmerischen Handelns verwiesen: die institutionelle Ebene (Unternehmens- und Governanzethik) und die persönliche Ebene (Tugendethik für Manager). Was kann man realistischerweise tun, um die ethische Qualität zumindest im Sinne der sozialen und ökologischen Verträglichkeit, in Bezug auf die Respektierung der Menschenrechte und die Maximierung positiver und Minimierung negativer externer Effekte unternehmerischen Handelns zu verbessern?

Das Unternehmen als kollektive Handlungsebene

Unternehmen sind, wie Thomas Donaldson einmal treffend bemerkte, moralisch gesehen ungewöhnliche Gebilde: Sie haben keine Hintern, in die man treten, und keine Seelen, die man verdammen könnte.[11] Sie haben kein Gewissen, das sie nicht schlafen lässt, und keinen Körper, der ins Gefängnis gesteckt werden könnte. Dennoch steht – zumindest für wesentliche Akteure – fest, dass Unternehmen als »juristische Personen« Träger von Rechten und Pflichten sind, auch von moralischen. Aufgrund ihrer Fähigkeiten, menschliche, wirtschaftliche, wissenschaftliche und technische Ressourcen zu mobilisieren, zu kumulieren und prioritär für das Erreichen von klar definierten Zielen einzusetzen, müssen sie sich sogar an einem anspruchsvolleren Zurechnungs- und Beurteilungsraster messen lassen, als Individuen, denn sie haben wegen ihrer akkumulierten und verknüpften Kompetenz eine viel höher entwickelte Fähigkeit und stabilere Kapazität zum Ausführen komplexer Handlungen. Heute erwartet die Mehrzahl der Menschen in modernen Gesellschaften insbesondere von großen und international arbeitenden Unternehmen, diese Kompetenzen dynamisch aufrechtzuerhalten und im Lichte neues Wissens auch zu steigern.[12] So wie der Körper eines Menschen letztlich zwar aus der Vielzahl seiner Zellen zusammengesetzt ist und doch der Mensch unendlich viel mehr darstellt als die Summe der Eigenschaften seiner Körperzellen, so verhält es sich auch mit Unternehmen und ihren Mitarbeitern. Organisationen sind besser als Individuen in der Lage, simultan Verschiedenes mit gleicher Aufmerksamkeit zu tun, zum Beispiel neben ihrem operativen Handeln sich auch an der Konstituierung, Modifizierung und diskursiven Begründung ihrer handlungsleitenden Normen zu beteiligen. Ein wichtiger Aspekt der Moralität von Unternehmen liegt aus dieser Perspektive darin, alle nur denkbaren institutionellen Voraussetzungen dafür zu schaffen, dass neben den Variablen für den wirtschaftlichen Erfolg auch jene für soziale Verträglichkeit, ökologische Zukunftsfähigkeit und den Respekt für Menschenrechte in das unternehmerische Entscheidungsraster eingehen.

Ob und inwieweit ein Unternehmen als moralisches »Kollektiv« betrachtet werden kann, hängt vom Grad der Handlungsfreiheit ab, den es seinen Mitgliedern, den Mitarbeitern, lässt. Nur in Organisationen, in denen Menschen im Rahmen ihrer beruflichen Aufgaben innerhalb eines »Korridors« legaler und legitimer Aktionen zwischen mehreren Handlungsoptionen frei entscheiden können, kann individuelle Verantwortung wahrgenommen werden. Wäre individuelle *Handlungsfreiheit* nicht gegeben oder sehr gering, so stünden nicht mehr die Tugenden einzelner Organisationsmitglieder im Vordergrund der ethischen Analyse, sondern die Qualität der Gouvernanz des Unternehmens. Die wichtigsten Elemente der Unternehmensgovernanz (im Sinne des »Einbaus von moralischen Werten und Regeln in genau definierte Steuerungsregimes innerhalb und zwischen Unternehmen für spezifische Transaktionen«[13]) sind die Beschaffenheit der Organisationsstruktur und der Führungsgrundsätze der Organisation, die Qualität der Unternehmensrichtlinien für verantwortungsvolles Handeln in sensiblen Bereichen, ebenso die Qualität der personenbezogenen Handlungs- und Verhaltenskodices, welche aus der unendlichen Zahl der theoretisch möglichen Handlungsweisen jene herausfiltern und vorschreiben, die im Unternehmen als legitim betrachtet werden, sowie die Struktur der Zielsetzungs- und Mitarbeiterbeurteilungskriterien.

Die Governanzstruktur eines Unternehmens und die einzelnen Governanzelemente fallen jedoch nicht vom Himmel wie das legendäre »Manna« im Alten Testament (Exodus 16). Richtlinien, Codes of Conduct und Organisations- und Führungsstrukturen müssen von Menschen in Bezug auf ihre Bedeutung reflektiert, inhaltlich eindeutig definiert und formuliert und letztlich in der Alltagspraxis durchgesetzt werden. Um zu verhindern, dass »das Rad« immer wieder aufs Neue erfunden wird, sollte zwar das in der einschlägigen wissenschaftlichen Literatur vorhandene unternehmensethische und Corporate-Responsibility-Fachwissen ebenso genutzt werden wie die zahllosen im Internet zugänglichen Beispiele guter Praktiken – allerdings lediglich als Impulse zur Reflektion spezifischer eigener Bedürfnisse. Generische Konzepte können immer nur Orientierungsfunktion haben. Auch der UN Global Compact hat letztlich im Sinne der Heideggerschen Metapher »Krug« – Funktion: Er erfüllt seine Funktion und bekommt seinen »Biss« nur in dem Maße, wie ihn das Management eines Unternehmens mit konkretem, selbstverpflichtendem Inhalt ausfüllt. Was genau resultiert aus jedem der zehn UNGC-Prinzipien an Handlungs- und Unterlassensgeboten für das Unternehmen? Wie eng oder weit werden Schlüsselbegriffe wie »sphere of influence« definiert – welche konkreten Konsequenzen sollen die beiden Menschenrechtsprinzipien für die Geschäftspolitik haben, wenn es um die wirtschaftlichen und sozialen Menschenrechte geht? Diese und viele andere Fragen müssen letztlich vom Topmanagement eines Unternehmens beantwortet werden – und diese tun dies nicht nur als Folge ihres Fachwissens und ihrer sachlichen Kompetenz, sondern auch im Lichte ihrer Wertprämissen, ihres sozialen Bewusstseins und ihrer sozialen Kompetenz. Die ganz persönliche Wertkonstellation der Verantwortungsträger legt fest, welche Elemente mit welcher Priorität in die Entscheidungsprozesse eingehen.

Menschen, nicht Institutionen sind moralische Akteure

Und damit sind wir bei den individuellen Menschen und ihrer »ethischen Musikalität«: Kein Unternehmen handelt nur als abstrakte juristische und wirtschaftliche Institution, sondern immer durch die Vielzahl der auf verschiedenen hierarchischen Ebenen im Unternehmen arbeitenden Menschen. Das ist der Grund, warum soziale Systeme wie Unternehmen per se nur begrenzt moralisch oder unmoralisch sein können: Moralität – oder Mangel daran – wird von den Menschen, ihren Werteorientierungen, ihrer moralischen Integrität und ihrem konsistenten und kohärenten Verhalten in soziale Systeme hineingebracht. Natürlich entwickelt jede Art von Organisation ihr institutionelles Eigenleben und ihre spezifische Kultur – und natürlich bedeutet dies, dass jeder Entscheidung innerhalb einer Institution ein bedeutendes Element der Fremdbestimmung innewohnt, das aus dem vorgegebenen institutionellen Rahmen, zum Beispiel der Unternehmenskultur und dem daraus resultierenden Vorgesetztenverhalten, resultiert. Dies jedoch verringert nicht die Verantwortung der Individuen, im Gegenteil, es erhöht sie, die letzte Entscheidung über ein spezifisches Handeln oder Unterlassen ist stets eine individualethische. Es sind also *Menschen* – in welchem institutionellen Umfeld auch immer –, die als moralische Akteure in die Verantwortung genommen werden müssen.

Natürlich sind hier längst nicht »nur« Mitglieder des Topmanagements angesprochen. Mitarbeiter auf allen Ebenen eines Unternehmens haben Fachwissen, berufliche Erfahrung und soziale Kompetenz. Sie haben damit auch die Pflicht, für sich, für die von ihren Entscheidungen betroffenen Menschen und für das Erreichen der Unternehmensziele Verantwortung zu übernehmen. Sie haben auch die Pflicht, für ihre moralische Überzeugungen einzutreten. Es gibt sehr wenig Hinweise auf eine reine Befehlsempfängerhaltung innerhalb von Unternehmen.[14]

Wer moralischen Einfluss nehmen will, kann dies tun und ist dadurch in der Lage, die ethische Qualität von Gruppenentscheidungen zu erhöhen.[15] Barbara Kellerman belegt in ihrem Buch »Followership«, wie irreführend die Ansicht ist, dass nur »die da oben« unternehmenskulturell etwas Entscheidendes bewegen können, und wie groß der Einfluss »von unten« sein kann.[16] In der Regel sind die individuellen Möglichkeiten des Widerspruchs gegen moralische Zumutungen groß, und zwar ohne die Folge unzumutbarer persönlicher Bedrängungen.

Führungseliten haben jedoch in allen Institutionen immer eine besondere Verantwortung – auch in Unternehmen. Vor allem die Mitglieder des Topmanagements haben kraft ihrer Autorität großen Einfluss auf die im Unternehmen gelebte Wertestruktur und Ethikkultur, denn sie haben sowohl die nicht delegierbare Verantwortung für die strategische Ausrichtung des Unternehmens als auch für die Charakteristiken der Unternehmenskultur in Sinne der organisatorischen DNA:[17] Die Mitglieder des Topmanagements setzen und kommunizieren den richtigen »Ton«, setzen ein gutes Beispiel für das im Unternehmen erwartete Handeln und inspirieren als »Rollen-Modell« für das im Unternehmen als anstrebenswert empfundene Handlungs- und Verhaltensmuster andere. Dadurch haben Führungseliten immensen Einfluss auf die Schaffung einer kohärenten »moral community« – dies gilt in den verschiedensten Kulturen.[18] Die Vorsitzenden der Geschäftsleitung (Chief Executive Officer, CEO) haben in dieser Hinsicht eine herausgehobene Verantwortung.[19]

Auch bei Corporate-Responsibility-Angelegenheiten spielen die Mitglieder des Topmanagements die zentrale Rolle, denn sie entscheiden in der Regel darüber, ob

- der *Unternehmenszweck* und die *Mission* ganzheitlich definiert ist, das heißt mehr als nur die betriebswirtschaftliche Sphäre des Handelns umfasst;
- die *Handlungs-* und *Verhaltenskodices*, anhand derer klar wird,

welchen Wertestandards die Mitarbeiter bei der Erledigung ihrer Arbeit nachleben sollen, inhaltlich alle relevanten Aktionsfelder abdecken und sowohl eindeutig als auch operationalisierbar formuliert sind;

- die *Unternehmensrichtlinien* für das Handeln in sensiblen Bereichen ebenfalls alle relevanten Aktionsfelder abdecken und so formuliert sind, dass ihre Einhaltung eindeutig gemessen werden kann;
- *Zielsetzungs-* und *Mitarbeiterbeurteilungsprozesse* ganzheitlich definiert werden, das heißt neben den wirtschaftlichen, wissenschaftlichen und technischen auch ethische Kriterien eine ernst zu nehmende Rolle spielen; und schließlich, ob
- mit den bekannten Instrumenten des Compliance Management als das, was als legitimes Handeln definiert ist, im Geschäftsalltag auch durchgesetzt wird.

Diskrepanzen zwischen legalem Handeln und dem, was von der Mehrheit der Menschen moderner Gesellschaften als legitim empfunden wird, ist immer wieder Anlass für ansehensschädliche Kritik an Unternehmen. Den Raum zwischen Legalität und Legitimität konstruktiv auszufüllen ist eine der bedeutsamsten Aufgaben ethischen Managements.

Die Glaubwürdigkeit dieser Governanzelemente hängt davon ab, ob den »Worten« in der geschäftlichen Alltagspraxis auch entsprechende »Taten« folgen. Inkonsistenzen zwischen Wertedeklamationen und tatsächlichem persönlichen Handeln haben fatale Konsequenzen für die Moral, Zufriedenheit und Motivation der Belegschaft.[21] Die Bilanz der letzten Jahre zeigte Dutzende von Beispielen, in denen Diskrepanzen zwischen »talking« und »walking« und das Ignorieren brillant formulierter interner Richtlinien und Kontrollprozesse zum Bankrott einstmals hoch geachteter Unternehmen führte.

Die Forderung, nur »gute« Menschen mit Führungsverantwortung zu betrauen, ist zwar inhaltlich richtig – führt jedoch in der Praxis nicht weiter. Wenn man einerseits unterstellt – wie ich dies hier tue –, dass sich die »moralische Gauß-Verteilung« von Menschen in Unternehmen nicht prinzipiell von derjenigen von Individuen unterscheidet, die in anderen Subsystemen der Gesellschaft arbeiten (zum Beispiel Politik, zivile Gesellschaft oder Religion), und andererseits davon ausgeht, dass im Normalfall Menschen lange nach ihrer primären und sekundären Sozialisation in ein Unternehmen eintreten, müssen wir uns damit abfinden, dass sich die gesamtgesellschaftliche »moralische Gauß-Verteilung« auch in der Belegschaft von Unternehmen widerspiegelt. Dies aber bedeutet, dass wir am einen Ende der Normalverteilung auf ein paar wenige »Heilige« und »Genies« treffen, am anderen Ende auf ein paar wenige »Schurken« und »Idioten« und – dazwischen – auf jene »Durchschnittsmenschen«, die unsere Gesellschaft prägen. Daher gehört es auch zur guten Governanz und Verantwortungsethik, »mit den durchschnittlichen Defekten der Menschen« zu rechnen, so wie es Max Weber in seinem Aufsatz »Politik als Beruf« riet.[22]

Die einzige Möglichkeit, aus einem, was die ethische Qualität des Handelns angeht, »Durchschnittsunternehmen« ein »Spitzenunternehmen« zu machen, liegt darin, die Entwicklung des Führungspersonals, die Auswahlkriterien sowie die Beförderungspraxis so zu gestalten, dass eine möglichst große Anzahl der Führungsverantwortlichen aus dem »richtigen« Ende der Gauß'schen Normalverteilung rekrutiert wird. Das Anforderungsprofil an Menschen, denen die Führung von bedeutenden, weil gemeinwohlrelevanten Institutionen anvertraut werden soll, ist aus allen klassischen Texten bekannt: Es sollen ganzheitliche Persönlichkeiten sein und nicht bloße Fachspezialisten, also Menschen, die sich in Bezug auf eine Reihe von Charaktereigenschaften und Persönlichkeitsmerkmalen abheben vom »Durchschnittsmenschen«:

- Intelligenz, Vertrauenswürdigkeit, Menschlichkeit, Mut und Durchsetzungsvermögen;[23]
- zur Weisheit entwickelte Vernunft, Gerechtigkeitssinn, Ehrlichkeit, Tapferkeit und Besonnenheit;[24]
- Leidenschaft im Dienst der Sache, Verantwortungsempfinden für die Folgen des eigenen Tuns im Interesse des Sachanliegens sowie Augenmaß im Sinne der Fähigkeit, die Realitäten mit innerer Sammlung und Ruhe auf sich wirken zu lassen und die notwendige Distanz zu den Dingen und Menschen zu wahren;[25] sowie
- Achtsamkeit für die Anliegen der von Entscheidungen Betroffenen, Fairness, soziale Kompetenz, Zivilcourage, Lernfähigkeit und die Fähigkeit, die eigene Meinung zu ändern, wenn tiefere Einblicke zu besseren Einsichten führen[26] – vielleicht auch Charisma im Sinne von Augustinus' Diktum, wonach »in Dir brennen muss, was Du in anderen entzünden willst« …
- Immer wieder wird insbesondere von Führungskräften die »Fähigkeit zuzuhören« angemahnt[27], denn die Unfähigkeit zuzuhören gilt als passiv-aggressivste Form des Mangels an Respekt gegenüber anderen.[28] Das respektvolle Zuhören in Verbindung mit dem Vermeiden anderer Kardinalfehler, die Marshall Goldsmith in seiner jahrelangen Coaching-Erfahrung aufgefallen sind (zum Beispiel »punishing the messenger« oder »passing the buck«), würde Führungskräften wertvolles Feedback von Kritikern zugänglich machen und verhindern helfen, dass durch »blinde Flecken« wichtige Vorgänge im und Informationen aus dem sozialen Umfeld unerkannt bleiben.
- Schließlich ist moralische Vorstellungskraft beziehungsweise moralischer Ideenreichtum wichtig, denn diese helfen einem Verantwortungsträger, die verschiedenen Dimensionen eines Problems zu erkennen und eine Situation aus verschiedenen Perspektiven sehen zu können.[29]

Es ist die Wertehaltung der Führungselite, die bestimmt, wie das Unternehmen und dessen Rolle für das gesellschaftliche Umwelt definiert werden, es sind die Wertprämissen und personalen Tugenden der Verantwortungsträger, welche die Auswahl der als legitim erachteten Handlungsoptionen festlegen und in der Praxis durchsetzen. Es ist das personale und personengebundene Wertedenken, das festlegt, welche Herangehensweise, Auswahl und Beurteilungskriterien bei Problemen und deren Lösung den Vorzug erhält, was als wichtig, als wünschenswert, gut oder schlecht bewertet wird. Aus meiner über 30-jährigen praktischen Erfahrung waren die persönlichen Wertprämissen des Topmanagements, das soziale Bewusstsein und die Zivilcourage, auch bei »Gegenwind« für die eigenen Überzeugungen einzustehen, die wichtigsten Determinanten für die ethische Qualität eines Unternehmens. Das macht – neben dem Fachwissen – die personalen Tugenden der Führungsverantwortlichen und der ganzen Belegschaft zu den wichtigsten Ressourcen und Kompetenzen eines Unternehmens. Da es in Unternehmen keine ethischen Fragestellungen gibt, die nicht zugleich auch gegenwärtige oder zukünftige wirtschaftliche Handlungsbeschränkungen implizieren, muss das Topmanagement das aus der Philosophie altbekannte »richtige Maß« finden und durch Interaktion mit seinen Stakeholdern möglichst friktionsfrei durchsetzen. Wer will, kann also wissen, aus welchem »Stoff« Führungspersönlichkeiten sind, die ihre Unternehmen verantwortungsvoll und auf legitime Weise innerhalb ethisch reflektierter Leitplanken lenken.

Natürlich müssen auch Manager mit diesen »idealen« Eigenschaften noch immer in der Lage sein, strategische Visionen zu entwickeln, innovativ zu handeln und sich Veränderungen anzupassen, Entscheidungen zu treffen und für deren praktische Umsetzung zu sorgen und damit gesetzte Unternehmensziele zu erreichen[30] – erfolgreiches Arbeiten an der Spitze von Unternehmen ist komplexer geworden. Aber angesichts der Tatsache, dass Manager Verantwortung für machtvolle Institutionen der Gesellschaft tragen, müssen sie sich an höheren Standards messen lassen: C.K. Prahalad hat in einer Kolumne der *Harvard Business Review* auf die anhaltende Bedeutung seiner »Checkliste« aufmerksam gemacht, die er seit dem Jahre 1977 seinen MBA-Studenten vorträgt. Es sind dies einfache aber sehr gehaltvolle Ratschläge wie[31]

- »Humility in success and courage in failure are hallmarks of a good leader«;
- »Good leaders are inclusive, even though that isn't easy«;
- »Assume responsibility for outcomes as well as for the processes and people you work with«;
- »Expect to be judged by what you do and how well you do it – not by what you say you want to do. However, the bias toward action must be balanced by empathy and caring for other people«; sowie
- »Be concerned about the problems of the poor and the disabled, accept human weaknesses, laugh at yourself – and avoid the temptation to play god.«

Wo und wie aber finden wir jenen »Idealtypus« im wirklichen Leben für die Besetzung all derjenigen Positionen, in denen Führungsverantwortung, auch ethische, konkret wahrgenommen werden muss? Es ist offensichtlich leichter, den »Idealtypus« zu beschreiben, als ihn zu finden. Die folgenden institutionellen Vorkehrungen können allerdings einen Beitrag dazu leisten, dass die Auswahl- und Entwicklungsprozesse (»management development«) von Unternehmen im Hinblick auf nichtökonomische Anforderungen besser justiert werden.

Ganzheitliche Zielsetzungsinhalte, Mitarbeiterbeurteilungskriterien und Anreizsysteme

In den meisten Unternehmen werden zur Evaluation der Leistungen regelmäßig Mitarbeiterbeurteilungen vorgenommen, in denen Vorgesetzte und Mitarbeiter die Gelegenheit haben, in aller Ruhe über die Erreichung der gesetzten Ziele, die Qualität der Arbeit und alle damit im Zusammenhang stehenden Aspekte zu reden. Zielsetzungen, Mitarbeiterbeurteilungen und Anreizsysteme sind Führungsinstrumente und bieten die Gelegenheit, offen über gegenseitige Erwartungen und eventuelle Korrekturnotwendigkeiten zu sprechen. Sie sind auch die rationale Basis für Bonuszuteilungen, veränderte Lohnfestsetzungen und letztlich auch mögliche Beförderungen. Solche Instrumente haben Einfluss auf die Motivation der Mitarbeiter, gewisse Dinge zu tun oder zu lassen – sie sind daher von großer Bedeutung für Mitarbeiter und Unternehmen.

Wo Corporate Responsibility kein Lippenbekenntnis ist, gibt das Unternehmen entsprechende Signale auch bei den Zielsetzungsinhalten, den Beurteilungskriterien und in den Anreizsystemen. Geschieht dies nicht, so wäre es naiv zu glauben, dass der ethischen Dimension des Leistungsportfolios in der Praxis eine große Bedeutung zugemessen wird: Menschen bemühen sich in der Regel eher, bei denjenigen Aspekten ihrer Leistung gute Resultate zu zeigen, an denen sie gemessen werden und von deren Messung sie Vorteile haben. Führungskräfte werden im Laufe ihrer Karriere meist in verschiedenen Verantwortungsgebieten auf ihr Leistungsvermögen getestet. Ihr Einkommen und ihre weitere Karriere hängen maßgeblich von *kurzfristig* sichtbaren Resultaten ab – das *ausschließliche* Führen durch quantifizierte ökonomische Zielvorgaben birgt die Gefahr, dass zur Erreichung ehrgeiziger wirtschaftlicher Ziele soziale, ökologische oder andere Handlungsoptionen vernachlässigt werden.

Es liegt in der Natur der Menschen, dass für sie, wie Hans Jonas dies ausdrückt, »Kurz- und Nahinteressen« zunächst einmal wichtiger sind als »Fernpflichten«[32]. Bei unzureichend breit konzipierten Anreiz- und Bewertungssystemen besteht die Versuchung, dem kurzfristig Nützlichen den Vorrang vor dem langfristig Notwendigen zu geben und in ethisch ambivalenten Situationen (wenn sie denn erkannt werden) zugunsten des eigenen finanziellen oder karriereorientierten Vorteils unter Vernachlässigung von Corporate-Responsibility-Kriterien zu handeln.[33] Wer bei Abwesenheit moralsensitiver Bewertungs- und Entlohnungssysteme illegitim handelt, handelt dennoch aus der Eigennutzperspektive rational.

Ist dies der Fall, so werden Investitionen, von denen zwar langfristig die Leistungsfähigkeit sowie die soziale und ökologische Verträglichkeit des Unternehmens abhängen, unterlassen oder hinausgeschoben, weil sie kurzfristig nur Kosten verursachen und (oberflächlich betrachtet) die Bilanz verschlechtern. Aus diesem Grund sind, zusätzlich zu den üblichen quantifizierten betriebswirtschaftlichen und technischen Bewertungs- beziehungsweise Anreizkriterien, Corporate-Responsibility-Elemente einzubringen, die auch Wertprämissen, Integrität und Verantwortungsbewusstsein in Bezug auf außerökonomische Handlungsspektren in die Leistungsbeurteilung einbringen. Da sich die moralische Integrität, das soziale Bewusstsein, die zwischenmenschliche Achtsamkeit unternehmerischen Handelns meist nicht direkt und kurzfristig in monetären Einheiten messen lassen, muss kreativ und innovativ mit der im Unternehmen zur Verfügung stehenden Kreativität nach Messkriterien gesucht werden, mit denen Verhalten positiv beeinflusst und Güterabwägungen komplexer gestaltet werden können. Arbeitet ein Unternehmen mit Anreizen in dieser Hinsicht, dann steht nicht nur das Ziel, sondern auch der Weg dahin zur Beurteilung an. Auch moralische Normen sind umso eher wirksam, je konsequenter ihre Befolgung überprüft und ihre Einhaltung belohnt beziehungsweise Verstöße negative Konsequenzen zur Folge haben.[34]

Ein Lösungsansatz für die Vermeidung kurzfristiger Scheinerfolge könnte sein, dass dort, wo angebracht und möglich, Mitarbeiterbeurteilungen in kurz-, mittel- und langfristige Komponenten unterteilt werden. Vergleichbares gilt bei der Beurteilung des Kostenverhaltens. Werden Mitarbeiter lediglich daran gemessen, wie viel Kosten sie einsparen, so besteht die Gefahr, dass auch dort gespart wird beziehungsweise Investitionen unterlassen werden, wo zum Beispiel wegen negativer Implikationen für die Gesundheit von Menschen oder eine intakte Umwelt nicht gespart werden darf. Die kurzfristig günstige Kostenperformanz hätte in solchen Fällen unerwünschte langfristige Konsequenzen für Mensch und Umwelt zur Folge, oft jedoch später auch finanzielle Folgeschäden für das Unternehmen.

Wenn diejenigen, die durch verantwortungslose Mittel und Wege ihren geschäftlichen Erfolg erzielen, in der Regel wegen ihrer guten kurzfristigen betriebswirtschaftlichen Performanz befördert oder finanziell belohnt werden, werden Signale in das Unternehmen gegeben, die andere Anstrengungen zur Erhöhung der moralischen Qualität unternehmerischen Handelns weitgehend nutzlos machen. Kollegen und Mitarbeiter sehen genau hin, wer befördert wird, und haben ein gutes Gefühl für das, was sich karrieremäßig zu »lohnen« scheint. Alle unternehmensethischen Reflexionen und die Anmahnung daraus abgeleiteter Pflichten bewirken letztlich wenig, wenn es nicht gelingt, die Struktur der Zielsetzungsinhalte, Mitarbeiterbeurteilungskriterien und Anreizsysteme in Unternehmen derart zu ändern, dass das moralisch gebotene Handeln sich auch unter egoistischen Gesichtspunkten lohnt, weil alle nach den neuen Normen handeln – kurz, wenn es nicht gelingt, dafür zu sorgen, dass der »Gute« nicht der »Dumme« ist.

Mindestzeitabstände zwischen Beförderungen in höhere Verantwortungsbereiche

Wie gesagt, realistischerweise haben wir es in allen Gesellschaften, überall auf der Welt und in allen (politischen, wirtschaftlichen und anderen) Institutionen, mit »Durchschnittsmenschen« in Bezug auf alle charakterlichen und persönlichen Merkmale zu tun. Für die Besetzung von Führungspositionen mit Menschen, die dem nahe kommen, was als Ideal beschrieben wurde, sind also Ausfilterungs- und Auswahlprozesse erforderlich – und diese erfordern Zeit. Menschen sind in der Lage, sich »zu verstellen« beziehungsweise »Rollen« zu schauspielern sowie Charakter- und Persönlichkeitsmerkmale vorzutäuschen, von denen sie sich Vorteile erhoffen. Dies vermag kurzfristig auch sensibilisierte Betrachter täuschen. Über einen längeren Zeitraum, in unterschiedlichen Handlungssituationen und unter zeitlichem und Ressourcenstress werden sich allerdings in jedem Fall der »wahre« Charakter und die »echte« Persönlichkeit offenbaren – ethisch reflektiertes Handeln ist ein Prozess, kein singulärer Anlass.

Beförderungen in zu kurzen Zeitabständen könnten zudem im Unternehmen als Signal empfunden werden, dass man, um Karriere zu machen, *kurzfristig* möglichst gut aussehen müsse. Kurzfristig »gut« auszusehen ist in vielerlei Hinsicht auch mit illegitimen Mitteln möglich, und die dadurch geschaffenen Probleme werden unter Umständen erst unter den jeweiligen Nachfolgern offenbar und im schlechtesten Fall sogar diesen angelastet. Der eigentliche Problemverursacher sieht dann ex post unverdientermaßen noch besser aus, als er kurzfristig ohnehin erschien – ein demotivierendes Fairnessproblem.

Das hier angesprochene Problem stellt sich in besonderem Maße dann, wenn für hohe Verantwortungsfunktionen externen Kandidaten oder Kandidatinnen der Vorzug gegeben wird und sie aus anderen Institutionen »importiert« werden. In solchen Fällen entfällt nicht nur der Vorteil der Langzeitbetrachtung, es entstehen zusätzliche Risiken durch den Import von unternehmenskulturellen Spezifika, die mit denen des eigenen Unternehmens unter Umständen nicht kompatibel sind.

Ethikausbildung als institutionalisierter Pflichtbestandteil des internen und externen Corporate Learning

Es ist vielleicht auf den ersten Blick nicht ganz einsehbar, warum ein Unternehmen neben berufsspezifischer Aus- und Weiterbildung auch noch die Aufgabe ethischer Ausbildung übernehmen sollte, von der zu erwarten wäre, dass sie jeder Mensch aus Kinderstube und Schule mitbringt. Wo und wenn also Versäumnisse in Bezug auf die Ausbildung einer moralischen Gesinnung von Menschen zu beklagen sind, so müsste die Kritik vorher ansetzen – beim Familien- und Erziehungswesen[35] und nicht beim Unternehmen.

Große Unternehmen, die in verschiedenen Ländern und auf zahlreichen Gebieten hoch spezialisiert und hoch arbeitsteilig tätig sind, sind die Verkörperung einer hohen Verantwortungsfragmentierung. Es ist geradezu unvorstellbar, dass ein international tätiges Großunternehmen seine Identität über die Einheitlichkeit des Firmenlogos und des Briefpapiers hinaus schaffen und bewahren kann, wenn nicht auf der Basis gemeinsam geteilter ethischer Werte und Verantwortungsnormen. Daher ist die Empfehlung an Unternehmen, sich auf eine identitätserhaltende ethische Wertebasis zu besinnen und diese in internen Kursen weiterzuvermitteln, richtig und wichtig. Auf die Frage, ob sich diese Mühe auch lohne, ob die moralische Urteilsfähigkeit nach Abschluss der primären und sekundären Sozialisation überhaupt noch erlernt werden könne, gibt es divergierende

Antworten. Immanuel Kant äußerte sich bekannterweise ja eher pessimistisch: »[…] aus so krummem Holze, als woraus der Mensch gemacht ist, kann nichts ganz Gerades gezimmert werden.«[36] Das könnte bedeuten, dass auch noch so gut gemeinte spätere Ethikbildung, wenn überhaupt, nur einen vorübergehenden und oberflächlichen Einfluss haben kann.[37]

Was den Einbezug von Ethik in das Management Development angeht, kann sowohl auf positive[38] wie auf negative[39] Erfahrungen verwiesen werden. Ganzheitliches Management Development vermittelt – zusätzlich zum gewöhnlich angebotenen Fachwissen – ethisches Orientierungswissen und übt dies mit Fallstudien. Wenn sich ein Unternehmen durch seine Personal- und Beförderungspolitik Führungspersönlichkeiten mit einer »postkonventionellen« Urteilsebene[40] im Kohlberg'schen Sinne sichert – also mit Menschen, deren Urteilsbildung nicht auf blinder Unterwerfung unter bestehende Gesetze und Regeln beruht, sondern auf sittlich verantworteter Güterabwägung –, dann können diese von Ausbildungsbemühungen der hier erörterten Art profitieren. Das ist kein Wunschdenken, dafür gibt es wachsende empirische Evidenz.[41]

Hier wird die Ansicht vertreten, dass – in den Worten Albert Schweitzers – alles Nachdenken über Ethik eine Hebung und Belebung der ethischen Gesinnung zur Folge hat.[42] Das Kennenlernen und die intellektuelle Auseinandersetzung mit anerkannten ethischen Theorien und Beurteilungssystemen können nicht nur die Ignoranz über wesentliche und zeitlose Erkenntnisse abbauen, sondern auch den Denkhorizont erweitern und damit die ethische Kapazität derjenigen, die von diesen Ausbildungsinhalten profitieren, erweitern.[43] Durch die Auseinandersetzung mit verschiedenen ethischen Denkschulen können auch gezeigt werden, dass man ein und denselben Fall je nach (utilitaristischer, kantianischer oder rawls'scher) Denkschule völlig anders beurteilen kann.

Aus meiner Erfahrung sollte die Vermittlung ethischen Basiswissens über kommentierte »Literatur-Hausaufgaben« vorgenommen werden und nicht als Vorlesungen über die verschiedenen philosophischen Schulen seit den Vorsokratikern. Vorlesungen dieser Art mögen zwar geistig erhebend und auch intellektuell anspruchsvoll sein – sie haben jedoch den Nachteil, dass der Bezug zur betrieblichen Praxis von den »Studenten« meist nicht erkannt werden kann und so das eigentliche Ziel nicht erreicht wird, weil das neue Wissen als vom eigenen Verantwortungsbereich abgekoppelt empfunden und rezipiert wird.

Besonders wertvoll ist daher die Bearbeitung und gemeinsame Erörterung von Fallstudien. Das können Fallstudien[44] allgemeiner Art sein[45], aber auch solche, die dem Kontext unternehmerischen Handelns nachempfunden sind und dort konkrete ethische Problemkreise aufgreifen. Die Arbeit mit Fallstudien gewinnt an Qualität und pädagogischem Wert, wenn ethische Dilemmata, wie sie in den komplexen Abläufen der unternehmerischen Praxis immer wieder vorkommen, zur Diskussion gestellt werden und somit Lösungen nach dem »Schwarz-Weiß-Muster« unmöglich sind. Äußerst wertvoll sind auch Fallstudien, die ex post Fehlentscheide anderer (zum Beispiel im Kontext des Challenger-Unglücks[46]) oder des eigenen Unternehmens analysieren und ethisch reflektieren. Ebenfalls gut geeignet sind Fallstudien mit unternehmerischen Entscheidungssituationen, die dem Gefangenendilemma ähneln. Schließlich geben Fallstudien, in denen eine ethisch risikoreiche unternehmerische Gesamtentscheidung in viele Einzelentscheidungen fraktioniert ist, die Gelegenheit aufzuzeigen, dass die moralische Qualität spezifischer Einzelschritte jeweils unbedenklich, ihre Addition jedoch problematisch sein kann.

Unternehmensspezifisch erarbeitete Fallstudien können die in der jeweiligen betrieblichen Praxis potenziell vorkommenden

Grenzsituationen realistisch darstellen. Die im eigenen Unternehmen gemachten Fehler und daraus resultierende Konsequenzen sollten, wo immer möglich, explizit aufgearbeitet werden. Dies trägt nicht nur dazu bei, dass solche Fehler nicht wiederholt werden müssen, sondern erhöht auch die Glaubwürdigkeit der gemachten Anstrengungen.

Nach wie vor von großer Aktualität ist der »Veteranen-Artikel« von Saul Gellerman. Er ging der Frage nach, warum »gute« Manager »schlechte« ethische Entscheidungen fällen – Entscheidungen, die letztlich auch für die betroffenen Unternehmen mit großen Nachteilen, wenn nicht sogar mit dem Ruin verbunden waren.[47] Gellermans Ergebnisse zeigen, dass es überwiegend vier Wirklichkeitswahrnehmungen sind, die Führungskräfte dazu verleiten, vom Pfad der Tugend abzuweichen:

- der Glaube, die betreffende Aktivität sei nicht »wirklich« unethisch, sondern gerade noch innerhalb der ethischen und juristischen Grenzen;
- der Glaube, die betreffende Aktivität sei im besten Interesse des Individuums oder des Unternehmens, mit anderen Worten, »man« erwarte irgendwie, dass so gehandelt werde;[48]
- der Glaube, die betreffende Aktivität sei »sicher«, weil sie von niemandem jemals herausgefunden oder gar publiziert werden könne;
- der Glaube, dass die betreffende Aktivität der Firma helfe und diese deshalb stillschweigend darüber hinwegsehe oder bei der Aufdeckung die unmoralisch handelnde Person beschütze.

Welches Verhalten »gerade noch« akzeptabel ist beziehungsweise wo die Grenzlinie zwischen »cleverem« und unethischem Handeln liegt, wird in der Praxis oft erst herausgefunden, wenn die Grenze überschritten und der Fehler gemacht wurde. Dabei würden meist drei einfache Fragen an die jeweiligen Verantwortungsträger genügen, ethische Zweifel vorher aufzudecken: Können Sie Ihre Entscheidung ohne Mühe und kosmetische Korrekturen Ihrer Familie oder guten Freunden plausibel machen? Würden Sie sich wohl fühlen, wenn über Ihre Entscheidung sowie deren Hintergründe und Auswirkungen offen in einem Nachrichtenmagazin der Presse oder des Fernsehens berichtet würde? Könnten Sie die von Ihnen gefällte Entscheidung auch als gerecht und angemessen akzeptieren, wenn sie von Ihrem Vorgesetzten gefällt worden wäre und Sie selbst von deren Auswirkungen betroffen wären? Gerät die befragte Person ins Grübeln, so ist dies mit großer Wahrscheinlichkeit ein Hinweis auf ethische Risiken.

Was den zweiten von Gellerman aufgezeigten Problemkreis angeht, so dürften in jedem Unternehmen konkrete Erfahrungen vorliegen, von denen die eigenen Mitarbeiter lernen können. Gellermans diesbezügliche Erfahrung ist die »traurige Wahrheit«, dass viele kurzfristig Brillierende befördert werden und dann – doppelt ungerecht – ein unglückseliger Nachfolger die geschaffenen Probleme auszubaden hat. Ungewöhnlich gute und von den bestehenden Rahmenbedingungen her nicht erklärbare Resultate sollten daher stets auf die Art ihres Zustandekommens hin überprüft werden.

Zum dritten von Gellerman problematisierten Sachverhalt ist zu sagen, dass tatsächlich immer und überall ein Teil unmoralischen Verhaltens nicht entdeckt wird. Eine als niedrig empfundene Wahrscheinlichkeit der Aufdeckung könnte bei unter Umständen hohen persönlichen Vorteilen eine große Versuchung für normale Sterbliche sein. Gellermans Rat »Macht Verfehlungen leichter entdeckbar!« ist daher richtig.

Schließlich kann durch die Bearbeitung von Fallstudien auch mit dem Glauben aufgeräumt werden, die betreffende unmoralische Aktivität helfe der Firma und diese würde deshalb stillschweigend darüber hinwegsehen beziehungsweise die unmoralisch handelnde Person gar beschützen. In Fallstudien (und natürlich erst recht in der gelebten betrieblichen Praxis) sollte klargemacht werden, dass die Loyalität zum Unternehmen dort ihre Grenzen hat, wo Rechte anderer verletzt werden. Im Verlauf der Erörterung von Fallstudien tritt meist als zusätzlich erwünschter Nebeneffekt ein, dass ein gängiges Vorurteil gegenüber Kollegen und Kolleginnen überwunden wird: Umfragen ergeben immer wieder, dass Individuen glauben, sie selbst handelten moralisch besser als die Mehrzahl ihrer Kollegen und Kolleginnen.[49]

Ein letztes hier zu nennendes Element wird von vielen Beobachtern mit ambivalenten Gefühlen diskutiert:

»Integrity Assessments / Expanding the Hiring Model«

Die Aussage von Max Frisch »Wir riefen Arbeitskräfte, und es kamen Menschen« gilt gleichermaßen für Unternehmen, die Führungskräfte von »außen« anstellen: Man stellt sie wegen ihrer tatsächlichen (oder vermuteten) Fähigkeiten und Kenntnisse an – aber es kommt eine Persönlichkeit mit spezifischen Charaktereigenschaften, Wertehaltungen und Handlungspräferenzen. Mit anderen Worten: Man sucht nach spezifischen Qualifikationen und bekommt ein ganzes »Paket« an »sachfremden« Persönlichkeitsmerkmalen mitgeliefert. Um sich über die »moralischen Zusatz-Eigenschaften« einen Überblick zu verschaffen, bieten verschiedene Institute »screening procedures« an, mit denen man potenzielle Kandidaten »moralisch durchleuchten« kann.[50] Ziel ist, genauer herauszufinden, was die wirklichen Eigenschaften einer Person sind, und daher deren Befähigung für den zur Debatte stehenden Job besser abklären zu können. Für den normalen Mitteleuropäer kommt beim Gedanken an eine solche »Charakterprüfung« zunächst einmal ein ungutes

Gefühl auf: Wer prüft hier mit welcher Legitimation welche Aspekte meines Charakters nach welchen Maßstäben?

Tatsächlich erfreuen sich Integritätstests in der Praxis nicht großer Beliebtheit; viele Gremien, die für die Letztauswahl von Spitzenkräften zuständig sind, scheuen formale Werte- und Charakterassessments als Bestandteil ihrer Screeningkriterien. Einer der Hauptgründe liegt darin, dass gute Kandidaten dies als herabwürdigend (»demeaning«) empfinden, abgeschreckt und von einer Bewerbung abgehalten werden könnten.[51] Eine Ablehnung eines Tests durch Kandidaten – so die Befürworter – sei in sich selbst eine wichtige Information über einen potenziellen Kandidaten …

Ausblick

Trotz aller ökonomischen Schäden und sozialen Belastungen erscheint die gegenwärtige Finanz- und Wirtschaftskrise mehr als alles andere eine Vertrauenskrise in die tragenden wirtschaftlichen und ordnungspolitischen Institutionen und in die Integrität ihres Führungspersonals zu sein. Vertrauen in die Integrität von Menschen und Institutionen wiederzugewinnen ist daher auch eine Grundvoraussetzung für einen Neuanfang. Bei aller Komplexität der Krisenursachen und Ursachenketten (von der politisch gewollte Kreditvergabe an Haushalte, die im Normalfall nicht die Kreditwürdigkeit besessen hätten, eine Hypothek zu bekommen, über Defizite an kluger Regelung, Mängel beim Risikomanagement, unzureichend robusten Modellannahmen bis hin zu schlichten Irrtümern, wie sie jedem anständigen Menschen unterlaufen können), zusätzlich zu den politischen, finanztechnischen und Risikomanagement-spezifischen Ursachen-Komponenten, muss eine Analyse der ethische Ursachen-Komponente gemacht werden: Welche Rolle spielte die Gier von

Menschen in allen Sphären der Gesellschaft, rasch spekulativ Geld verdienen zu wollen? Wie kann man institutionell nachhaltige Handlungsnormen ermutigen und verstärken, die Menschen deshalb befolgen, weil sie sich persönlich verpflichtet fühlen? Wie kann die rein ökonomisch definierte Marktlogik durch kluge staatliche, Branchen- und Selbstregulierung um sozialethische Elemente ergänzt werden, ohne dass es unter öffentlichem Druck zu populistisch motivierten defensiven und kurzfristig angelegten Politikeingriffen kommt, die das Problem in andere Länder oder auf eine andere Ebene verschieben, ohne es zu lösen? Wie finden wir die vom Wertekompass her »richtigen« Menschen für die Verantwortungs- und Führungsbereiche, die das »richtige Maß« zwischen den betriebswirtschaftlichen Erfordernissen und ethischen Anforderungen kennen und in der Praxis nach bestem Wissen und Gewissen anstreben?

In Krisensituationen suchen Menschen aber nicht nur rückwärts gewandte Analyse, sie erwarten auch Orientierung und Führung. Daher sind die intellektuellen, sozialen, finanziellen und moralischen Eliten in besonderem Maße gefordert, Antworten auf zu geben und Wege aus der Krise aufzuzeigen: Führungskräfte nach dem hier beschriebenen Muster nehmen in dieser Situation ihre Vorbildfunktion für das Gesellschaftsganze wahr. Emotionslos zu gemachten Fehlern stehen, sie transparent systemisch korrigieren und mit harter Arbeit und Durchhaltevermögen einen Neubeginn machen, das ist vielleicht die einzige Möglichkeit, der »Regulierungsfalle« zu entgehen – es wäre ja eine naive Annahme zu meinen, dass Staatsangestellte die besseren Finanz- und Wirtschaftsmanager seien. Wichtiger noch, als zu gemachten Fehlern zu stehen und sie systemisch zu korrigieren, ist jedoch, sie im Vorfeld zu vermeiden. Führungskräfte in Unternehmen (aber auch nicht anderswo) stehen nicht »über den Gesetzen« – auch nicht über den moralischen, im Gegenteil, von ihnen ist »mehr« zu erwarten.[52]

Der »Business Case« der Auswahl von Führungspersonal, die sich ethischen Grundsätzen verpflichtet fühlen und daher durch eigenes Vorbild, Förderung einer normativen Unternehmenskultur und normativer Strukturierung der Führungsinstrumente liegt nicht nur in der Vermeidung von Reputationsschäden oder gar Geldstrafen aufgrund von als illegitim empfundenem oder gar illegalem Handeln, nicht nur in einer höheren Erwartungssicherheit für Kunden und Stakeholder, sondern auch in der höheren Attraktivität für aktuelle und potenzielle Mitarbeiter. Dadurch kommt es zu einer positiven Selektion von Bewerbern und letztlich einer Belegschaft, die eine ethisch motivierte Unternehmenskultur unterstützt und hebt.

Die gegenwärtige neue Nachdenklichkeit über den Sinn und die Parameter nachhaltigen Wirtschaftens ist eine Chance, für die Themen Managerethik und Unternehmensethik einen neuen Anlauf zu nehmen. Der Kontext des Shakespeare'schen Zitats ist nicht gerade ein Musterbeispiel für ethisches Handeln (Brutus versucht Unterstützung für seinen Plan, Cäsar zu ermorden, zu erhalten) –, aber die Botschaft ist allgemeingültig:

Es gibt Gezeiten für der Menschen Wirken
Nützt man die Flut, führt sie uns zum Glück,
Versäumt man sie, so muss die ganze Reise des Lebens
sich durch Not und Klippen quälen.
Wir treiben nun auf solcher hohen See und müssen,
wenn der Strom uns hebt, ihn nutzen,
wo nicht, geht das verloren, was wir wagten.[53]

Globales Wirtschaftsethos als transkulturelles Management

Josef Wieland

1. Einleitung

Das Manifest »Globales Wirtschaftsethos – Konsequenzen für globales Wirtschaften« definiert globales Wirtschaften als einen Prozess des auf Wettbewerb basierenden Austauschs und der Kooperation: der Tausch von Gütern und Ideen sowie die Kooperation zwischen Akteuren, die ihren Eigeninteressen folgen, um ihre jeweilige Kooperationsrente zu erzielen. In diesem Prozess sind es vor allem die Bereitschaft und die Fähigkeit zur Kooperation, die über das erreichbare Niveau von Austauschbeziehungen und damit auch über das Niveau nachhaltiger sozialer Wohlfahrt entscheiden. Kooperation und wirtschaftliches Handeln auf globaler Ebene bedürfen dabei einer persönlichen, institutionellen und organisationalen Einbettung, ohne die weder eine stabile noch eine nachhaltige Entwicklung möglich ist. Die Globalisierung geht bis heute mit einem massiven institutionellen und organisationalen Defizit einher. Global akzeptierte und durchsetzbare Normen und Regeln guter und legitimer Wirtschaftspraxis stehen noch ganz am Anfang ihres Entstehungsprozesses. Auch existieren bislang zu wenige global akzeptierte Organisationen, die in der Lage sind, diesen Entstehungsprozess formaler und informaler Spielregeln für die globale Wirtschaft mitzutragen. Glücklicherweise kann hier der United Nations Global Compact als eine wertvolle Ausnahme genannt werden.

Der gegenwärtige Stand der Globalisierung gleicht auf fatale Weise einer Fußballweltmeisterschaft, bei der die beteiligten individuellen Spieler und Teams unterschiedliche Vorstellungen über Fairplay und Gerechtigkeit kultivieren, gemeinsame Spielregeln und Organe (Schiedsrichter, Sportsgerichtsbarkeit, Vereinsrecht etc.) zu deren Durchsetzung nur rudimentär existieren und es im Kern auch keinen verantwortlichen Veranstalter wie die FIFA gibt. Wir alle wissen, dass unter diesen Bedingungen nicht nur kein schöner Fußball gespielt werden, sondern dieses Turnier vermutlich nicht zustande kommen würde oder schon nach oder während der Vorrunden abgebrochen werden müsste. Der Hobbes'sche »Krieg aller gegen alle«[1] würde um sich greifen und jede Art von Leistung und Spielkunst zerstören. Und doch ist dieses Szenario als Beschreibung der Bedingungen, unter denen wir heute versuchen, einen globalen Kapitalismus, der auf Kooperation basiert, zu entwickeln und zu stabilisieren, nicht vollständig untauglich.

Unter diesen Voraussetzungen kommt dem individuellen Führungsstil, der individuellen Persönlichkeit und Tugendethik eine neue und besonders hervorgehobene Bedeutung zu. Um Missverständnissen vorzubeugen: Diese können die benannten Defizite nicht kompensieren, aber sie können eine Grundlage für den Beginn eines globalen Dialoges sein, um diese Defizite anzugehen und sie schließlich zu überwinden. Dies kann nur erreicht werden durch eine »collective action« aller Stakeholder der Wirtschaft, und daher richtet sich das Manifest für ein Weltwirtschaftsethos nicht nur an das Management und an Unternehmer, sondern an alle Stakeholder des wirtschaftlichen Prozesses, also Investoren, Kreditoren, Mitarbeiter, Lieferanten, Agenten, Konsumenten, Gewerkschaften, Nichtregierungsorganisationen und viele mehr, Verantwortung zu tragen, um gemeinsam mit den politischen Institutionen einen Rahmen für globales Wirtschaftshandeln zu schaffen.

Ich würde gern als ein erstes Ergebnis festhalten, dass die grundlegende Konsequenz des Manifests darin liegt, das moralische Führungsverhalten in allen Organisationen der Gesellschaft und der Wirtschaft zu stärken und damit einen Beitrag zu der im Entstehen begriffenen globalen Gesellschaftsordnung zu leisten.

Eine der grundlegenden Aussagen ist, dass nicht nur die Gesellschaft Stakeholder der Wirtschaft, sondern die Wirtschaft auch Stakeholder der Gesellschaft ist.

2. Grundprinzip: Humanität

Das Manifest für ein Weltwirtschaftsethos ist eine Initiative zur Entwicklung eines Dialogs über global akzeptierte Prinzipien und Werte guten geschäftlichen Verhaltens.[2] Um dies zu bewerkstelligen, ist ein normativer Referenzpunkt nötig, den alle Menschen gemeinsam haben oder zumindest gemeinsam haben könnten und auf den sie sich einigen können, da sie bereits Teil globaler wirtschaftlicher Praxis und Kultur sind. »Humanität« – Menschlichkeit – ist das grundlegende moralische Prinzip und die Sichtweise des Manifests, das den genannten normativen Referenzpunkt bildet. Ich möchte gern einen Aspekt betonen, der in meinen Augen im Hinblick auf eine globale Ethik wichtig ist. Alle Formen der Moralität und insbesondere die Tugendethiken entstehen aus der Praxis der Menschen und sind deshalb an bestimmte Kulturkreise und Regionen gebunden. Daher beruht Moralität auf einer emotionalen Bindung, einem Zugehörigkeitsgefühl zu einer Gruppe oder kulturellen Sphäre. Was wir bisher nicht entwickelt haben, ist ein ethisches System kooperativer Netzwerke *zwischen* Kulturen, das auf dem Gefühl der Zugehörigkeit zu diesem Netzwerk basiert, das gleichbedeutend ist mit der globalen Welt. Dies zu erwirken ist ein besonders zentraler Aspekt des Manifests und seines Fokus' auf Humanität.

Jedoch kann sich ein ethisches Manifest nicht darauf beschränken, allein Vorschläge zu den *Inhalten* global akzeptierter Normen und Werte zu machen, sondern es muss geradeso die Frage nach seiner *Reichweite* beantworten.[3] Jegliche Moralität, jede Ethik zerfällt in zwei Aspekte, nämlich in den Aspekt seines materiellen Inhaltes und der Frage, wem gegenüber diese ethischen Standards angewandt werden müssen oder sollen. In Face-to-face-Gesellschaften und zu einem gewissen Grad in Nationalstaaten ist die zweite Frage durch das Territorium und die Bande alltäglicher Kooperation beantwortet. Die Globalisierung aber wirft die Frage der Verantwortung für Andere unter der Bedingung auf, dass es diese direkt emotional wahrnehmbaren Grenzen der Gemeinschaft nicht mehr gibt. Moralisch zu handeln ist in diesem letzteren Fall nicht mehr selbstverständlich.[4] Die Grenzen der Moral und die Methoden ihrer Überwindung müssen daher in einer globalen Welt neu beantwortet werden.[5] Die Antwort des Manifests liegt in transkulturellen Werten[6], die seit von Alters her von allen Kulturen geteilt worden sind oder geteilt werden können und die sich im Alltagsleben als unverzichtbar erwiesen haben.[7] Das Manifest leitet nicht nur einen Dialog über Werte ein, sondern setzt bei dem grundlegenden Prinzip der menschlichen Würde an, der Humanität, das sich materialisiert in den Prinzipien der Nachhaltigkeit, des Respekts, der fairen Kooperation und der universellen Gültigkeit der goldenen Regel. Diese grundlegenden Prinzipien drücken sich in ebenso grundlegenden Werten der *Gewaltlosigkeit*, des *Respekts vor dem Leben*, der *Gerechtigkeit*, der *Solidarität*, der *Ehrlichkeit*, der *Toleranz*, der gegenseitigen *Achtung* und *Partnerschaft* (vgl. Abb. 1) aus.

Aus der Perspektive des Manifests definieren und beschreiben diese Prinzipien und Werte die grundlegenden Verantwortlichkeiten und Anforderungen an wirtschaftliches Handeln. Sie

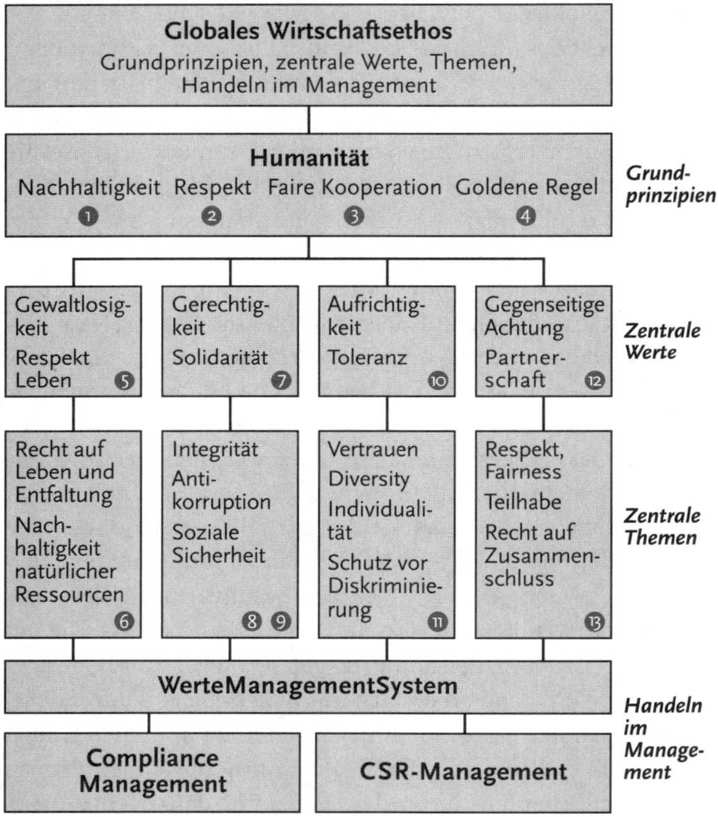

Abbildung 1: Grundprinzipien, zentrale Werte, zentrale Themen und Handeln im Management für eine globale Wirtschaftsethik

beinhalten zum Beispiel das Recht auf Entwicklung für alle Stakeholder, die Selbstbindung an nachhaltiges Wirtschaften mit natürlichen Ressourcen, Integrität im Geschäftsleben und die Bemühungen darum, ein Sozialsicherungssystem zu schaffen; des Weiteren die Akzeptanz von Diversifität und einen auf Respekt aufbauenden vertrauensvollen Umgang zwischen allen an wirtschaftlichen Aktivitäten Beteiligten sowie die Möglichkeit der Teilhabe an wirtschaftlichen Aktivitäten. Am Ende des Tages kommt es nicht nur darauf an, ein CSR- oder ein Compliance-Programm mit einer Nachhaltigkeits- oder einer Compliance-Abteilung vorweisen zu können. Im Manifest geht es um ein wertegetriebenes Modell des Wirtschaftens, das gewisse Anforderungen an moralische Achtsamkeit im Führungsverhalten stellt, an die Bildung einer Unternehmenskultur und -kommunikation und den Prozess der Implementierung effektiver Regeln und Verfahren in moralisch sensiblen Geschäftsfeldern. Das Manifest verlangt nach einer Governanceethik[8] im wahrsten Sinne des Wortes: Wie sollen wir Unternehmen führen, organisieren und kontrollieren?

3. Das gemeinsame Band

Die Herausforderung für die Ebene des Managements liegt in der Entwicklung eines *Transkulturellen Management-Systems* (TMS). Anders als inter- und multikulturelles Management betont es nicht die ethischen Differenzen zwischen Nationen und oder kulturellen Regionen, sondern vielmehr die Erklärung, dass alle menschlichen Kulturen gemeinsame moralische Werte und Erfahrungen aufweisen.[9] Unterschiede anzuerkennen und Toleranz zu praktizieren als eine Verhaltensform anderen gegenüber sind notwendigerweise die Grundzielsetzungen inter- oder multikulturellen Diversity Managements. Die transkulturelle Orientierung des Manifests akzeptiert und unterstützt diese Ziele, aber ebenso und vielmehr strebt es danach, eine Managementkultur zu entwickeln, die gemeinsam entwickelte transkulturelle Tugenden verkörpert, wobei diese transkulturellen Tugenden ein *gemeinsames Band*, das alle kulturellen Differenzen auf einer höheren Ebene verbindet, darstellen. In meinen Augen geht es in dem Manifest nicht darum, eine einheitliche globale Wirtschaftskultur zu entwerfen und zu exportieren und damit Diversifität zu überwinden. Im Gegenteil, es zielt darauf ab, nationale Kulturen, Berufs- und Unternehmerkulturen sowie individuelle Kulturen in einem Netzwerk der Vielfalt miteinander zu verbinden, das durch ein Band gemeinsam geteilter Prinzipien und Werte zusammengehalten und geleitet wird.

Transkulturelles Management ist ein fortlaufender Lernprozess für Individuen und Organisationen, der im täglichen Geschäftsverhalten stattfindet. Die Managementausbildung, sei es in Managementschulen oder in firmenspezifischen Fortbildungen, wird eine zentrale Rolle dabei einnehmen, aus dem Manifest ein lebendiges Dokument zu machen.

Ich habe bereits darauf hingewiesen, dass die Effektivität von Werten einen emotionalen Bezug zu einer sozialen Gemeinschaft voraussetzt. Für die transkulturellen Werte der globalen Welt bedeutet das, dass sie nur entwickelt werden können, wenn die Globalisierung nicht gefürchtet und abgelehnt, sondern als Le-

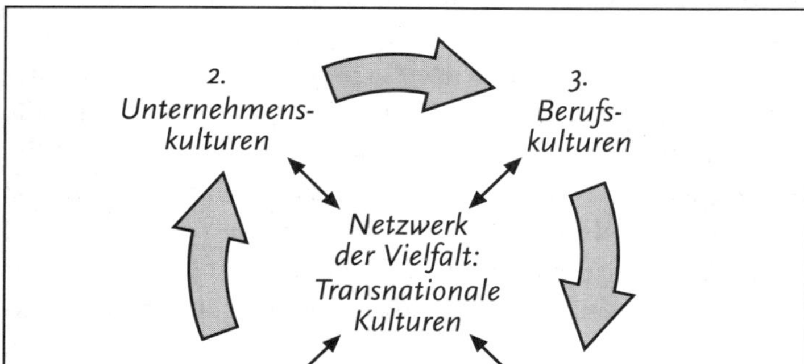

Abbildung 2: Transnationale Kultur: Netzwerk der Vielfalt

bensstil akzeptiert (oder gar gewünscht) wird. Wir leben in unterschiedlichen Welten, aber am Ende des Tages doch in *einer* Welt. Das positiv zu konnotieren ist eine weitere Idee, die sich mit dem Manifest verbindet. Auf der Ebene von Unternehmen bedeutet dies, Transkulturalität in das Diversity Management zu integrieren.

4. Wertemanagement auf einer transkulturellen Ebene

Die Philosophie und die Unternehmensethik unterscheiden zwischen individueller, organisationaler und institutioneller Moral. Ich habe bereits herausgehoben, dass das Manifest eine transkulturelle Tugendethik aufweist, weil die Schaffung einer globalen moralischen Ordnung vom individuellen Engagement und vom Vorbild aller an der Wirtschaft Beteiligten abhängt. Jedoch muss eine Tugendethik eingebettet sein in organisatorische Vorkehrungen und damit in eine Corporate Governance[10], die *Anreize* bietet, den individuellen Tugendvorstellungen zu folgen und den einzelnen Akteur dabei auch unterstützt. Solche Systeme sind WerteManagementSysteme (WMS), die ein vierstufiges Verfahren repräsentieren, wie in der folgenden Abbildung 3 dargestellt.[11]

In der ersten Stufe ist es grundlegend, die moralischen Prinzipien und Werte festzulegen, die das Verhalten in und zwischen den Unternehmen und ihren Stakeholdern anleiten sollen. Werte sind wichtig, da sie Orientierung für Entscheidungen bieten, die moralische Wahrnehmung formen und Individuen und Organisationen helfen, eine moralische Identität zu entwickeln. Daher macht es einen fundamentalen Unterschied, von welchen Prinzipien und Werten globale wirtschaftliche Transaktionen angeleitet werden. Das Manifest selbst schlägt das klare Prinzip der Menschlichkeit vor, wobei alle Managementaktivitäten auf

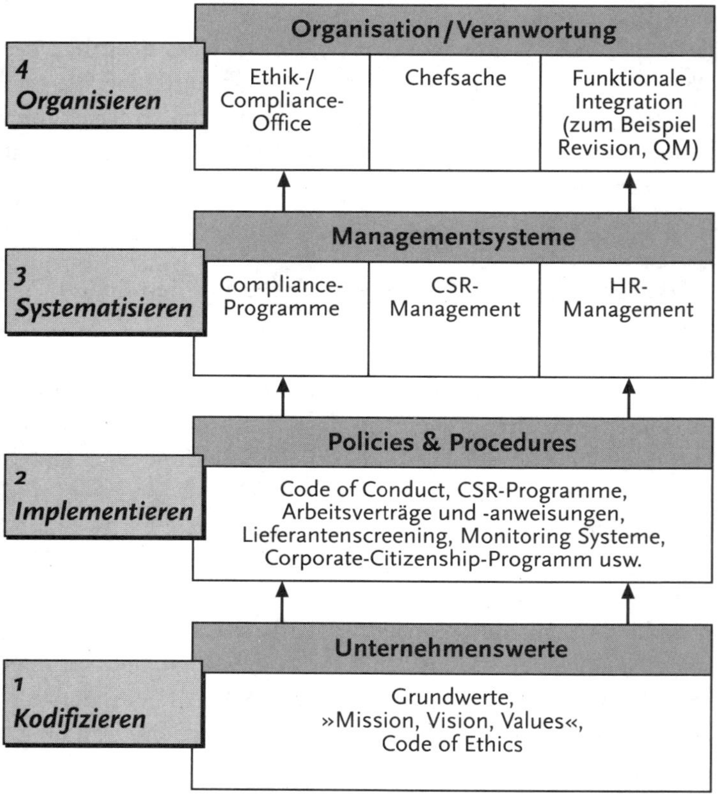

Abbildung 3: Die vier Prozessstufen des WerteManagementSystems (WMS)

der Grundlage der Werte Nachhaltigkeit, Respekt, Fairness und beiderseitiger Kooperation stattfinden. Eine wichtige Funktion dieser vier Werte liegt darin, erhöhte Aufmerksamkeit zu schaffen für opportunistisches Verhalten, das dem Verfolgen eigenen Nutzens auf Kosten anderer dient und das Eigeninteresse mit Egoismus verwechselt. Opportunismus unterminiert und zerstört Kooperation. »Sei bereit, mit anderen zu kooperieren« –

dies erscheint mir das grundlegende ethische Anliegen des Manifests zu sein, das in ein professionelles WerteManagement-System (WMS) implementiert werden muss.

Grundsätzlich operiert ein WerteManagementSystem so, dass über die Kodifizierung der Unternehmenswerte (Stufe 1) die Leitwerte für alle zu implementierenden Detailregelungen vorgegeben werden (Stufe 2), die dann über Instrumente, Kommunikation und Reviews systematisiert werden (Stufe 3). Und schließlich sorgt eine angemessene, verantwortungsvolle Organisationsstruktur für die Koordinierung der Prozesse (Stufe 4).

Die Vorbildrolle des Topmanagements ist absolut entscheidend. Der allseits beschworene »tone at the top« oder »tone from the top« ist in der Tat von Bedeutung und ein nicht zu überschätzender Erfolgsfaktor. Dies hat schon Klaus M. Leisinger in seinem Beitrag betont:

»Die Mitglieder des Topmanagements setzen und kommunizieren den richtigen ›Ton‹, setzen ein gutes Beispiel für das im Unternehmen erwartete Handeln und inspirieren als ›Rollen-Modell‹ für das im Unternehmen als anstrebenswert empfundene Handlungs- und Verhaltensmuster andere. Dadurch haben Führungseliten immensen Einfluss auf die Schaffung einer kohärenten ›moral community‹ – dies gilt in den verschiedensten Kulturen.«[12]

Abbildung 4 zeigt, wie transkulturelle Werte organisationales Verhalten beeinflussen.

5. Universalismus, Relativismus und moralische Praxis

Die philosophische Diskussion über global akzeptierte und daher gültige moralische Prinzipien und Werte erweckt gelegentlich den Eindruck, als ob wir uns entscheiden müssten zwischen einem Werteuniversalismus und einem Werterelativismus.[13]

Abbildung 4: Transkulturelles Wertemanagement, Compliance Management, Corporate Social Responsibility (CSR) Management und HR-Management

Werterelativismus würde beispielsweise eine Unternehmenspolitik im Ausland beschreiben, die sich mit Hinweis auf ihren Gaststatus an die dort herrschenden Üblichkeiten anpasst. In einer ganzen Reihe von Fragen des täglichen Geschäfts, so bei Beförderungen, ist die Übernahme lokaler Gerechtigkeits- und Moralvorstellungen sicherlich unproblematisch, in unserem Beispiel etwa die Superiorität des Wertes »Seniorität« über den Wert »Leistung«. Missachtung von Menschenrechten, politische Unterdrückung, Diskriminierung sowie erbärmliche Sozialstandards fallen nicht in diese Kategorie, und zwar deswegen, weil sie unsere eigenen Vorstellungen und praktischen Erfahrungen über die Bedingungen eines gelungenen Lebens[14] massiv verletzen. Allerdings zeigt sich hier ein Widerspruch in der europäischen Denktradition, denn Wertepluralismus und Toleranz sind zugleich ein Kernanliegen der europäischen Aufklärung. In dieser Konstellation scheinen wir nur die Wahl zwischen von ökonomischen Interessen getriebenem Opportunismus und idealistischer Toleranz zu haben.

Der *Werteuniversalismus* vermeidet diese Konstellation, weil er besagt, dass bestimmte moralische Prinzipien und Werte prinzipiell für jeden Menschen in jedem Land dieser Welt gelten. Auch diese Vorstellung ist ein geschichtliches Erbe des Westens, nämlich der christlichen Kultur, der Aufklärung und der Gründungsdeklaration der Vereinigten Staaten von Amerika. Die weit verzweigte und immer wieder zum Konflikt führende Diskussion über Menschenrechte speist sich aus dieser Tatsache. Die in Diskussionen gelegentlich gestellten Fragen, warum die Kooperation für wirtschaftliche Ziele von der Akzeptanz westlicher Moralkonzeptionen abhängig gemacht werden soll und wo genau die Grenzen liegen, sind nicht leicht zu beantworten. Das Problem nämlich, das mit dem Werteuniversalismus einhergeht, ist die Gefahr eines Werteimperialismus, der etwa Menschenrechte in einen politischen Kampfbegriff transformiert, dessen Ziel nicht mehr allein die Realisierung dieser Rechte ist, sondern die Eindämmung und Schädigung abweichender politischer Konzeptionen. In der Tat, auch das europäische Erbe von Toleranz und Universalismus kann leicht zu inhärenten Konflikten führen.

Ich glaube allerdings, dass der häufig diskutierte Gegensatz zwischen Relativismus und Universalismus von Werten nur sehr verzerrt und in keiner produktiven Weise die Herausforderungen für ein globales Wertemanagement beschreibt. Die Widersprüche zwischen ökonomischen, politischen und moralischen Werten auf der Ebene ihrer Anwendung gibt es nicht erst seit der Globalisierung, sondern sie sind jeder ethischen Diskussion seit jeher immanent. Das, was in globalen Ökonomien anders und neu ist – und darauf habe ich weiter vorne bereits hingewiesen –, ist die fehlende gemeinsame Erfahrung über den Vorzug oder die Ablehnungswürdigkeit bestimmter moralischer Werte. Gesellschaftliche Vorstellungen über Ethik und Moral sind kein Produkt philosophischer Lehrstühle oder Fakultäten, sondern emergieren aus menschlicher Praxis, die überhaupt erst den Referenzpunkt für ethisches Denken und Reflexion bietet. Dieser »moral gap«, also die fehlende gemeinsame Erfahrung und daher auch der fehlende gemeinsame emotionale Bezug, lässt sich nicht einfach mit wie auch immer begründeten Entscheidungen für relativistische oder universalistische Praktiken überspringen. Es geht vielmehr darum, institutionelle und organisatorische Mechanismen zu schaffen, die einen gemeinsamen moralischen Lernprozess einleiten und damit prospektiv gemeinsame moralische Vorstellungen über faire und gerechte Geschäftsmodelle und Managementpraktiken erarbeiten. Genau dafür einen Anfangspunkt festzulegen ist eines der Ziele des Manifests. Die Logik der hier entwickelten Argumentation folgt einem Model des »Globalen Wertekreis«, das ich vor einigen Jahren entwickelt habe[15] und das ich hier in modifizierter Form noch einmal erläutern möchte.

Das Manifest benennt die Werte, auf die sich alle menschlichen Kulturen beziehen und bisher auch bezogen haben, weil sie die konstitutive Voraussetzung gelingender menschlicher Kooperation und Zivilisation sind. Die Anwendung dieser Werte in der alltäglichen Praxis (hier der Wirtschaft) führt dann zu lokalen moralischen Konzeptionen, die inkompatibel zu anderen lokalen moralischen Konzeptionen sein können. Geteilter Respekt für das Leben und Gewaltlosigkeit kann durchaus zu unterschiedlichen Bewertungen von Kinderarbeit führen, weil diese wiederum abhängig ist von einem gesellschaftlich geprägten Konzept von Kindheit, also das, was Kindheit ausmacht. Wie lange dauert diese Lebensphase? Ist diese Phase geprägt durch massives Investment der Eltern oder durch einen Beitrag des Kindes zum Familieneinkommen? Gleiches ließe sich etwa für ein Recht auf Arbeit, Vorstellungen über faire Arbeitsbedingungen und Menschenrechte zeigen. Offenbar sind lokale moralische Konzeptionen bestimmter Werte von der Geschichte, in der sie stehen und aus der sie hervorgegangen sind, geprägt, und genau dies führt zu deren regionaler und damit globaler Inkompatibilität. Mit dieser Inkompatibilität startet daher der Globale Wertekreis, und zwar in Richtung kompatibler und komplementärer Moralkonzeption. Die Kompatibilität und die Komplementarität dieser Vorstellungen sind keineswegs diesen immer schon inhärente und daher unveränderliche Eigenschaften, sondern das Ergebnis der erfolgreichen gemeinsamen Anwendung moralischer Grundsätze und Überzeugungen. Dies führt zu geteilten und daher kompatiblen Erfahrungen, die sich dann, zum Beispiel auch in einem globalen Standard zur gesellschaftlichen Verantwortung von Unternehmen, kodifizieren lassen. Diese Standards können zu verschiedenen ordnungspolitischen Lösungsmöglichkeiten führen, die entweder privater, öffentlicher oder privat-öffentlicher Natur sein können, die dann wiederum einen erneuten Ausgangspunkt zur Diskussion über eine globale mo-

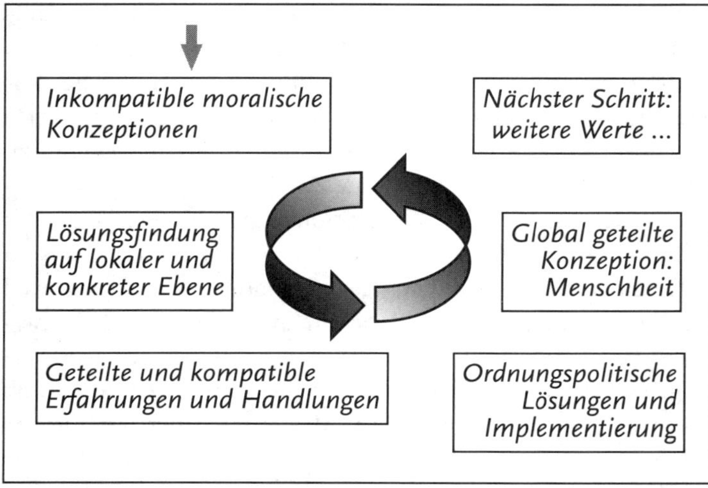

Abbildung 5: Globaler Wertekreis

ralische Konzeption von Humanität bildet. Damit ist ein gemeinsamer kontinuierlicher Lernprozess beschrieben, der, genau wie die Werte des Manifests, in der Praxis der Menschen seinen Ausgangs- und Zielpunkt findet.

6. Zusammenfassung

Ich möchte zum Abschluss kurz noch einmal die vier besonderen Charakteristika des Manifests zusammenfassen.

Erstens: Das Manifest zielt auf ein Multi-Stakeholder-Netzwerk. Alle Stakeholder der Wirtschaft tragen gleichermaßen Verantwortung und teilen die moralischen Dilemmata einer globalen Wirtschaft.

Zweitens: Das Manifest zielt auf die Entwicklung eines kooperativen Netzwerks zwischen den Kulturen, das sich auf gemeinsame Prinzipien und Werte stützt, die im Geschäftsalltag geteilt werden. Dieses Netzwerk der Vielfalt akzeptiert Differenz, verbindet sie dabei aber mit einem Band geteilter ethischer Standards. Genau dies macht aus dem Manifest ein Dokument transkultureller Tugendethik.

Drittens: Das Manifest formuliert die Prinzipien und Werte einer individuellen Tugendethik, die sich in Charakter und Haltung der Führungspersönlichkeiten des Wirtschaftslebens ausdrücken muss. Da sich diese Prinzipien und Werte aber aus einer geteilten praktischen Erfahrung in Wirtschaft und Gesellschaft herleiten, müssen sie notwendigerweise auch Ausdruck in Managementsystemen finden, die Anreize und Unterstützung zur Realisierung der moralischen Ansprüche im Alltagsgeschäft bieten.

Viertens: Solche Managementsysteme sind WerteManagement-Systeme, die die Prinzipien und Basiswerte des Manifests in den Geschäftsalltag einspeisen. Sie tun dies, indem sie die Führungskultur, den individuellen Führungsstil, die Unternehmenskultur, die Art und Weise der Kommunikation und »the tone from and at the top« strukturieren. Dies ist dann die Grundlage, alle wertesensiblen Bereiche eines Geschäfts mit moralisch orientierten Policies und Procedures zu organisieren.

Fünftens: Die Entwicklung von global akzeptierten und transkulturellen Normen guten geschäftlichen Verhaltens legt die Priorität auf gemeinsame Erfahrung und gemeinsames Handeln. Dies wird ein gemeinsames Verständnis schaffen, mit Hilfe dessen die Dilemmata universalistischer bzw. relativistischer Wertekonzeptionen überwunden werden können.

Wie kann man Werte managen? Ein Leitfaden für die Praxis

Josef Wieland

I. Wertemanagement – ein Widerspruch in sich selbst?

Das Manifest »Globales Wirtschaftsethos – Konsequenzen für globales Wirtschaften« benennt diejenigen Prinzipien und Werte, die zum gemeinsamen Bestand aller menschlichen zivilisierten Kultur gehören. Diese in einen gelebten Geschäftsalltag umzusetzen ist Aufgabe der Unternehmen, vor allem aber ihres Topmanagements. Für diese Aufgabe hat sich der Begriff »Wertemanagement« etabliert, dessen Logik im Folgenden erläutert werden soll.[1]

Werte gehören zur Moralkultur jeder Gesellschaft. In ihnen bringt sich zum Ausdruck, was in einer Gesellschaft wertgeschätzt wird. Zugleich sind sie ein Maßstab für Entscheidungen und Handeln. Werte wie Ehrlichkeit und Aufrichtigkeit, Offenheit und Integrität haben daher drei Gesichter. Sie drücken aus, welche Eigenschaften gesellschaftliche Akteure, also Personen oder Organisationen, haben sollten. Sie definieren deren ethischen Wahrnehmungsrahmen und legen fest, wonach sie mit ihrem Handeln streben sollten. Identitätsstiftung, Wahrnehmungssteuerung und Handlungsorientierung sind diejenigen Aspekte von Werten, die die Grundlagen und das Grundanliegen des

Wertemanagements in Unternehmen sind. Aber ist Moral in einer harten Wettbewerbswirtschaft, in der die Unternehmen stehen, überhaupt möglich? Sind Moral und Wirtschaft nicht nur unverträglich, sondern auch ein Nullsummenspiel? Ist es nicht so, dass alles, was die Wirtschaft gewinnt, zu Lasten der Ethik geht und dass umgekehrt alles, was wir an ethischen Errungenschaften realisieren, zu Lasten der Wirtschaftskraft geht? Auf einer persönlichen Ebene: Sind moralische Werte nicht eher ein Karrierehindernis? Fragen dieser Art werden häufig gestellt, wenn es um das Thema »Wertemanagement« geht – und meistens von Praktikern der Wirtschaft sehr skeptisch beantwortet. Die Alltagserfahrung des Geschäfts scheint in sehr vielen Fällen gegen die praktische Relevanz von Moral in der Wirtschaft zu sprechen. Und dennoch gehört es zu den Wissensbeständen der europäischen Gesellschaften, dass eine Wirtschaft ohne ein moralisches Fundament auf Dauer nicht möglich ist. Moralischer Anarchismus zerstört die Wirtschaftskraft eines Landes.

Die Einsicht, dass eine gute Wirtschafts- und Unternehmenspraxis auf der Basis moralischer Werte und Ansprüche ruhen muss, ist nicht neu. Große Unternehmenspersönlichkeiten haben stets gewusst, dass ihre Firmen auch eine soziale und moralische Verantwortung wahrzunehmen haben. Basierend auf politischen oder religiösen Überzeugungen haben sie als Persönlichkeiten der Wirtschaft deren moralische Dimension – im wahrsten Sinne des Wortes – verkörpert. In ihrem täglichen Handeln und Entscheiden und als Vorbilder haben sie diese Werte als Unternehmenskultur an die nächsten Generationen weitergegeben. Dieses auf Vorbild und Paternalismus gestützte Wertemanagement eines Unternehmens existiert sicherlich auch noch heute, und es besteht kein Zweifel an der Wichtigkeit dieses Führungsfaktors im Alltagsgeschäft. Die Tugend der einzelnen Person, ihre moralischen Überzeugungen und Werte sind entscheidende Grundpfeiler eines gelingenden Wertemanagements, aber nicht die einzigen. Hinzu kommen muss die moralische Qualität des Unternehmens als Organisation, seiner Abläufe, Anreize und Kontrollmechanismen. Ohne die Stützung durch Organisation gerät die individuelle Moral sehr schnell an Grenzen der Überforderung und Nichtrealisierbarkeit.

Die individuelle Ablehnung von Korruption im täglichen Geschäft ist schwer zu realisieren, wenn Karriere und Einkommen einseitig an Umsätzen orientiert sind. Aus dieser Einsicht heraus haben sich beginnend mit den späten 1980er Jahren Werte- oder Ethikmanagementsysteme entwickelt, die genau auf diese Schnittstelle zwischen Individuum und Organisation, zwischen Mitarbeiter und Unternehmen zielen. In den USA hat sich diese Entwicklung in der »Ethics and Compliance Officers Association« einen Berufsverband professioneller Ethikmanager geschaffen, deren Aufgabe es ist, Ethics Offices in den Unternehmen zu betreiben.[2] In Deutschland war es Mitte der 1990er Jahre die Bayerische Bauindustrie mit ihrem EthikManagement-System, die hier eine wichtige Vorreiterrolle gespielt hat und auch heute noch spielt.[3] Im Verlauf der letzten Jahre hat sich diese Bewegung rasant entwickelt. Es gibt kaum noch eine Branche, in der nicht die Einsicht an Boden gewinnt, dass eine moralisch aufgeklärte Unternehmensstrategie und eine an Werte gebundene Unternehmensführung wesentliche Erfolgsvoraussetzungen für moderne Unternehmen sind. Wert und Werte können ein Positivsummenspiel bilden, wenn sie integrierter Bestandteil eines systematischen Managements sind. Wer nachhaltige Wertschöpfung erreichen will, so die alte und neue Erkenntnis, muss sich an moralische Prinzipien und Überzeugungen binden und diese im Geschäftsalltag mit Leben erfüllen. Das ist zugleich die knappste Definition eines Wertemanagements.

II. Triebkräfte des Wertemanagements

An dieser Stelle lohnt es sich, nach den Ursachen und Gründen für dieses neue Verständnis des Verhältnisses von Ethik und Wirtschaft in den Unternehmen Ausschau zu halten. Zentral in diesem Zusammenhang ist die Feststellung, dass die Globalisierung der Märkte und die Organisierung weltweiter Wertschöpfungsketten durch global agierende Unternehmen eine ganze

Faktor	Positive Auswirkung	Negative Auswirkung	Moralsensitive Probleme
Komplexität	• *Nutzung der Wertschöpfungskette*	• *Kontrolle* • *Integration*	• *Identität* • *Co-opetition* • *Culture-Fit* • *Corporate Governance*
Subjektivität	• *Economies of Behavior*	• *Management of Diversity*	• *Akquirierung* • *Karriereplanung* • *Motivation* • *Leistungsqualität* • *Multikulturelle Teams* • *Professionelle Abhängigkeit*
Gesellschaft	• *Nutzung von Ressourcen*	• *Legitimation*	• *Beschäftigung* • *Soziale Sicherheit* • *Umwelt* • *Corporate Social Responsibility* • *Corporate Citizenship*

Abbildung 1: Die zunehmende Globalisierung bewirkt eine veränderte Werteproblematik

Reihe moralisch sensibler Fragen neu aufgeworfen haben. Davon zeugt bereits ein oberflächlicher Blick auf die Tagesereignisse, so wie sie uns die Medien anbieten. Ob ein Unternehmen überhaupt Steuern zahlt und wo es sie zahlt, wird nie nur als eine unternehmenspolitische Effizienzfrage, sondern immer auch als eine moralische Frage wahrgenommen. Gleiches gilt für die Kompensationspakete der Spitzenmanager, die sicherlich etwas zu tun haben mit der Globalisierung der Arbeitsmärkte, aber eben auch mit einer Bewertung ihrer Angemessenheit und Gerechtigkeit. Emotional aufgewühlte Debatten über die angebliche Habgier des Topmanagements, über kriminelle Methoden und den damit korrespondierenden Werteverfall innerhalb der Wirtschaft beherrschen mittlerweile die Tagesdiskussion. Reputation und Glaubwürdigkeit ganzer Branchen oder gar der gesamten Wirtschaft scheinen auf dem Spiel zu stehen. Jenseits dieser Emotionen der Tagespolitik, die in der Regel nicht sehr weit führen, kann man feststellen, dass es in diesen Diskussionen um den systematischen Zusammenhang zwischen der Moral und der Governance eines Unternehmens, also um ihr Wertemanagement geht. Abbildung 1 zeigt a) die Zunahme der Komplexität von Managemententscheidungen, b) eine Renaissance der Subjektivität in den Prozessen der Wirtschaft und c) eine neu aufflammende Diskussion über die Rolle der Unternehmen in der Gesellschaft, die die wesentlichen Triebkräfte für die Ein- und Durchführung von Wertemanagementsystemen in Unternehmen sind.

a) Komplexität von Managemententscheidungen

Die Zunahme der Komplexität wirtschaftlicher Entscheidungen ist die direkte Folge einer Verlängerung der Wertschöpfungsketten rund um die Welt. Denn Globalisierung meint nicht nur weltweite Konkurrenzfähigkeit auf Märkten, sondern zugleich auch weltweite Kooperationsfähigkeit zwischen Unternehmen und anderen Organisationen. Und mehr noch: Nur wer im globalen Markt bestehen kann, ist auch ein gesuchter Kooperationspartner für globale Value-chains. Nur wer kooperationsbereit und kooperationsfähig ist, kann denjenigen Zugriff auf innovatives Wissen, weltweite Vertriebskanäle und Kapitalmärkte organisieren, der notwendig ist, um in globalen Märkten Konkurrenzfähigkeit zu erreichen. Die Wirtschaft der Zukunft wird weniger ein klassische Markt- als vielmehr eine Kooperationsökonomie sein, in der Wettbewerbsfähigkeit und Kooperationsfähigkeit füreinander Bestandsvoraussetzung sind. Kooperation aber hat auch eine organisationale und personale Dimension, und dies ist eine der tief reichenden Ursachen, warum ein modernes Unternehmen auf ein Management von Werten nicht verzichten kann. Den Nutzen, den weltweite Wertschöpfungsketten und Dezentralisierung stiften können, kann also nur das Unternehmen realisieren, dem es zugleich gelingt, das Netzwerk seiner Geschäftsbeziehungen und Transaktionen auch durch »soft facts« zu integrieren und zu kontrollieren. Ohne eine starke Identität des Unternehmens, die sich in seinen Werten und seiner gesamten Kultur ausdrückt, ist dies nicht möglich. Für die Unternehmenspolitik bedeutet dies nicht nur Arbeit am Culture-Fit verschiedener Länder und Branchen, Unternehmen und Teams[4], sondern auch die Generierung einer Verhaltensdisposition bei Akteuren, die in der amerikanischen Sprache als *co-opetition*[5] bezeichnet wird. Das ist die Fähigkeit von Top-Managern und Mitarbeitern, parallel *cooperation* und *competition* zu leben. In einer Zeit, in der ein und dieselbe Firma Lieferant, Partner und Wettbewerber einer anderen Firma sein kann und in der sich zwischen den Einheiten dezentraler Unternehmen sowohl Wettbewerb um Ressourcen und Aufträge als auch Kooperation in einer Organisation nicht nur nicht ausschließen, sondern einander voraussetzen, ist die Fähigkeit zu *co-opetition*

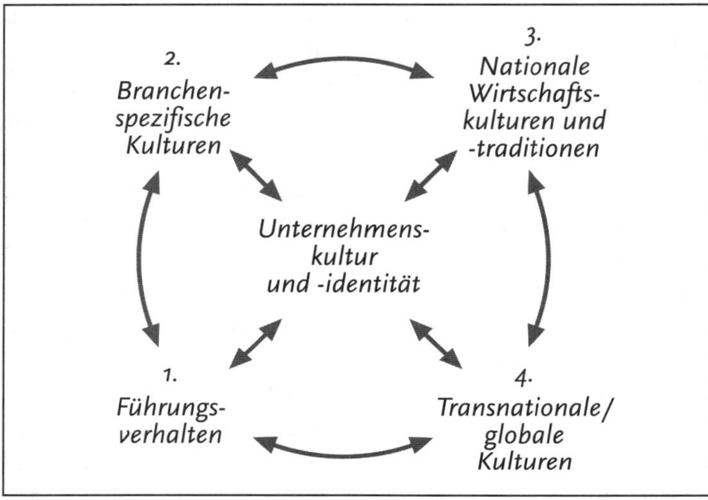

Abbildung 2: Werte und Moral in der Unternehmenskultur

entscheidend. Ohne gelebte Werte wie Fairness, Verantwortung und Vertragstreue ist eine solche Verhaltensdisposition nicht aufzubauen. Es ist wichtig zu verstehen, dass sich die Wertekultur eines Unternehmens und seine sich daraus ableitende Identität aus individuellen Werthaltungen, Branchen- und Wirtschaftskulturen speist. Dies ist ein grundsätzlicher Zusammenhang, der durch die Globalisierung an Relevanz gewinnt.

Individuelle Tugenden und Werte, die stabile Charaktereigenschaften sind, beeinflussen dabei direkt die Qualität der Führung eines Unternehmens. Die Branchenkulturen setzen Standards guten Managements, und die jeweiligen nationalen Wirtschaftskulturen binden diese zurück an die über viele Jahrzehnte und gar Jahrhunderte gewachsenen Traditionen und Vorstellungen über gerechtes und faires Wirtschaften, die sich wiederum der Diversifität transnationaler, globaler Kulturen stellen müssen.

Das Zusammenspiel dieser vier Faktoren findet sich auch im

Bereich der Corporate Governance. Die scheinbar nicht enden wollenden Skandale in der Wirtschaft, sei es nun in den USA, in Europa oder in einem anderen Teil des Globus, haben den Beweis dafür geliefert, dass eine ideologisch aufgeladene Shareholder-Value-Perspektive, kombiniert mit einer entsprechenden Entgeltpolitik für Manager und Mitarbeiter, geradezu ein ideales Anreizsystem für viele Spielarten doloser Handlungen wie Betrug, Korruption oder Preisabsprachen darstellt. Große und bis dahin stabile Unternehmen können innerhalb kürzester Zeit massiv geschädigt werden oder gar regelrecht implodieren und vom Markt verschwinden. Es zeigt sich, dass nicht vorhandene oder unerwünschte Werte bei Führungskräften oder Mitarbeitern ein Bestandsrisiko für Unternehmen darstellen können, wenn sie sich in dem Umfeld unangemessener Unternehmenskulturen ungehemmt entfalten können. Die Wirtschaftsskandale der vergangenen Jahre waren nicht zuletzt auch ein Waterloo für Managementsysteme, die sich auf Compliance-Erklärungen und formale Kontrollsysteme verlassen haben und die Verhaltenssteuerung mittels informaler Steuerungsmechanismen wie Werte und Moral nicht integrierten. Denn was ein Grundwertekatalog und ein Verhaltensstandard – die Grundlage jedes Wertemanagements – wirklich wert sind, zeigt sich nicht daran, ob sie unterschrieben wurden, sondern daran, ob und wie sie mit Leben erfüllt werden. Jedes effektive Wertesystem der Corporate Governance basiert daher auf formalen und informalen Regelungen, die sich entweder auf staatliche oder private Regelsetzung beziehen können.

b) Renaissance der Subjektivität

Die Zunahme des Faktors Subjektivität ist ein erstaunliches Phänomen in einer hoch institutionalisierten und organisierten Wirtschaft. Und dennoch belegen schon die »Catch-Words« der

Suchanzeigen für Personal diese Tendenz: Flexibilität, Responsivität, Entrepreneurship, Innovationsorientierung. Erreicht werden sollen »Economies of Behaviour«, das heißt Wettbewerbsvorteile durch idiosynkratische und möglichst nicht imitierbare Fähigkeiten und Ressourcen einzelner Mitarbeiter. Sie machen *den* Unterschied zur Konkurrenz aus, sie sind die Engpassressource in der Wirtschaft. Für das Humankapitalmanagement ergibt sich daraus beispielsweise die Aufgabe, ein »Management of Diversity«[6] zu betreiben. Dies gilt unter den Bedingungen globaler Wertschöpfungsketten in einem besonderen Umfang. Dabei geht es etwa bei der Akquirierung von Mitarbeitern um die Entwicklung von Auswahl- und Entlohnungsmechanismen, die eine entsprechende Sensitivität für die Wertvorstellungen der Bewerber oder einer Branche oder eines nationalkulturellen Umfeldes haben. Der fast permanente organisatorische Umbau von Unternehmen lässt Karriereplanung zur Lebensplanung für die Mitarbeiter mutieren, die keine Position im Betrieb mehr zum Ziel haben, sondern die Fähigkeit, sich flexibel im Arbeitsmarkt zu bewegen. Gleichzeitig aber sollen eine Identifizierung mit dem Unternehmen und seinen Zielen und ein vorbehaltloses Einbringen der individuellen Ressourcen bewirkt werden. Ohne eine starke und glaubwürdige Wertekultur sieht sich die Personalpolitik eines Unternehmens an dieser Stelle nur noch mit nicht kommunizierbaren Selbstwidersprüchen konfrontiert. Die Erwartung an Loyalität gegenüber dem Unternehmen geht einher mit dem gleichzeitigen Interesse des Unternehmens an einer möglichst flexiblen Personalplanung, einschließlich der Freisetzung von Mitarbeitern. Ohne eine starke und klare Wertekultur des Unternehmens ist dies den Mitarbeitern nicht zu vermitteln. Die Stichworte Motivation, Leistungsqualität, die professionelle Abhängigkeit des Unternehmens von einzelnen Mitarbeitern und die Integration transkultureller Teams auf internationaler Ebene gehören ebenfalls in diesen Kontext.

c) Gesellschaftliche Verantwortung

Schließlich erleben wir seit einiger Zeit eine große gesellschaftliche Diskussion über die Rolle der Unternehmen in der Gesellschaft. Der Übergang von der traditionellen sozialen Marktwirtschaft zur globalen Kooperationswirtschaft hat das gesamte System der staatlich garantierten und auf dem Normalarbeitsverhältnis beruhenden sozialen Sicherung in Deutschland und in vielen anderen Ländern dieser Welt auf den Prüfstand gestellt. Was Unternehmen und ihre Verbände dabei häufig übersehen, ist die Tatsache, dass die zu Recht geforderten flexiblen, differenzierten und betriebsspezifischen Lösungen das Problem ihrer moralischen Begründung von der Politik (staatliche Rahmenordnung) und den Sozialparteien (Verbände) auf die Unternehmen selbst verlagert haben und auch noch zunehmend verlagern werden.[7] Auch in dieser Beziehung ist daher mit einer zunehmenden Komplexität der Unternehmensführung zu rechnen, die wiederum zu einem steigenden moralischen Legitimationsdruck der Unternehmen führen wird. Das öffentlich weithin akzeptierte Argument, dass Firmen zwar die Ressourcen der Gesellschaft nutzen, aber immer weniger der Gesellschaft nutzen, ist in diesem Zusammenhang, unabhängig von seinem Wahrheitsgehalt, einschlägig. Diese Themen der Beschäftigung, der sozialen Sicherheit, der Steuern und der Umwelt sind ein paar Stichworte, die anzeigen, dass hier ein erheblicher globaler Legitimationsbedarf herangewachsen ist, der mit dem Hinweis auf »Shareholder Value« kaum zu beantworten sein dürfte. Schließlich das Stichwort Gesellschaftsvertrag, das eine Entwicklung markiert, in der die Lösung einer zunehmenden Zahl ordnungspolitischer Probleme der Internationalisierung und Globalisierung nur noch durch Netzwerke aus Politik *und* Wirtschaft *und* Wissenschaft möglich scheint. Hier liegen zunehmend politische Steuerungsmöglichkeiten für Unternehmen, aber auch die

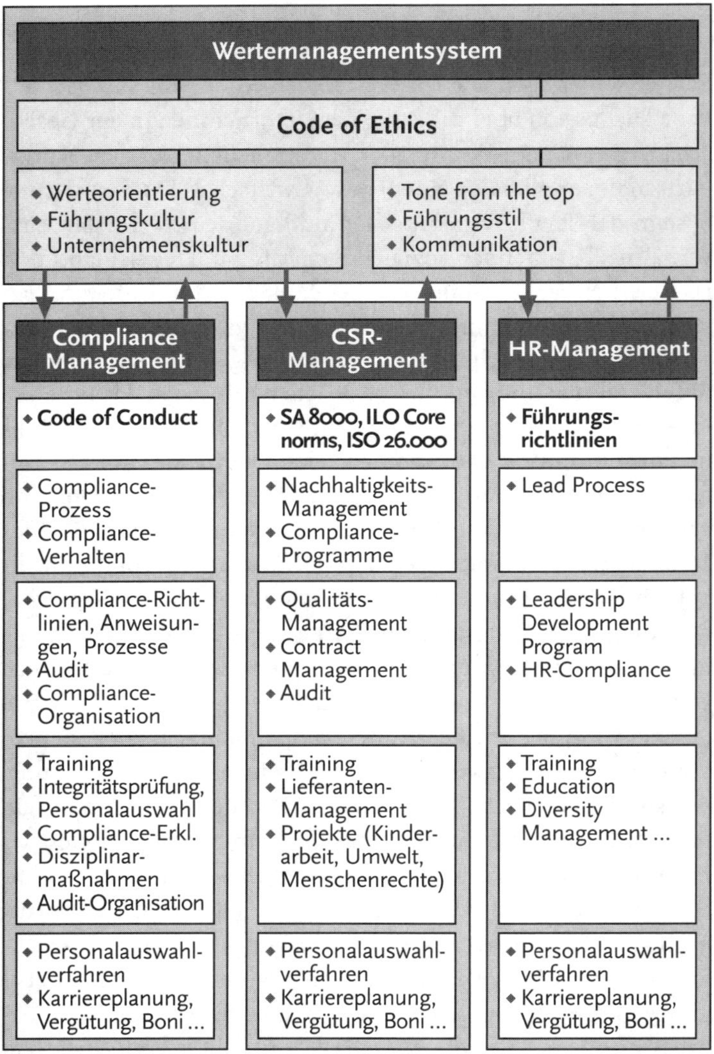

Abbildung 3: Wertemanagment, Compliance Management, CSR-Management und HR-Management

Quelle für den Umstand, dass Unternehmen heute als »Good Corporate Citizen« für eine Vielzahl von Problemen der Gesellschaft verantwortlich gehalten werden.

Die Anstrengungen auf globaler Ebene, zu einem Mindeststandard hinsichtlich Corporate Social Responsibility (CSR) zu kommen, oder auch der Aufruf des ehemaligen Generalsekretärs der Vereinten Nationen, Kofi Annan, zu einem Global Compact zeigen deutlich in diese Richtung. Von Unternehmen wird erwartet, dass sie ihre Investitions- und Geschäftstätigkeit rund um den Erdball begleiten mit Anstrengungen auf dem Gebiet ökologischer und sozialer Standards, mit einem Engagement für Menschenrechte und zur Bekämpfung der Korruption.[8]

Wenn wir alle hier knapp skizzierten Entwicklungen zusammenfassen, dann zeigt sich, dass es sehr gute betriebswirtschaftliche und organisationssoziologische Gründe für das Comeback der »weichen« Faktoren in der Wirtschaft gibt. Es sind die Veränderungen auf den Finanz-, Beschaffungs- und Konsummärkten, die hier ebenso eine wesentliche Rolle spielen wie die Veränderungen in den gesetzlichen und gesellschaftlichen Rahmenbedingungen unternehmerischer Entscheidungen.

Wenn wir diese neuartigen Managementaufgaben so ordnen, dass sie bestimmten Tätigkeitsfeldern entsprechen, dann zeigt sich, dass Wertemanagement sich heute vor allem im Compliance Management, HR-Management und CSR-Management realisiert, für die es auch bereits etablierte Standards gibt, deren Anspruch es ist, global akzeptierte Normen unternehmerischer Geschäftstätigkeit zu setzen.

III. Konzeption und Implementierung von Wertemanagementsystemen

Wertemanagementsysteme sind firmenspezifische Instrumente, die darauf abstellen, die moralische Verfassung eines Teams oder einer Organisation und deren Leitwerte zu definieren und in der alltäglichen Praxis mit Leben zu erfüllen. Sie sind Ausdruck der normativen Seite der Unternehmung und umfassen alle Mechanismen, über die ein Unternehmen in dieser Hinsicht verfügt. Sie geben einer Organisation durch Selbstbeschreibung und Selbstbindung an Werte Identität und signalisieren möglichen Kooperationspartnern und potenziellen Mitgliedern Erwartungssicherheit mit Blick auf deren Handeln und Verhalten. Wertemanagementsysteme liefern die moralischen Kriterien für das Screening möglicher Kooperationspartner – also Kunden, Lieferanten, Partner, Mitarbeiter und gesellschaftliche Gruppen – durch ein Unternehmen. Sie bilden damit zugleich die Grundlage für jedes Stakeholder-Management.

Die Grundlage jedes Wertemanagements ist die Festlegung und Kodifizierung derjenigen Werte eines Unternehmens, die seine Identität und Problemwahrnehmung bestimmen und seine Entscheidungen strukturieren. Solche »Codes of Ethics« oder »Codes of Conduct«, Grundwertekataloge oder Leitlinien sind im heutigen Wirtschaftsleben längst Standard. Sie sind so etwas wie die Visitenkarten eines Unternehmens. Als solche beinhalten sie nicht nur moralische Werte, sondern auch Leistungs-, Kommunikations- und Kooperationswerte. Die folgende Abbildung 4 bietet eine Sammlung möglicher Werte aus allen vier Bereichen, die wir aus einer Analyse amerikanischer und deutscher Firmenstandards gewonnen haben.

Unternehmen lassen sich demnach nicht nur entlang ihrer Organigramme oder ihrer Finanzströme beschreiben, sondern gleichzeitig als ein bestimmtes Set von Werten, für die sie ste-

Leistungswerte

- *Nutzen*
- *Kompetenz*
- *Leistungsbereitschaft*
- *Flexibilität*
- *Kreativität*
- *Innovationsorientierung*
- *Qualität*

Kommunikationswerte

- *Achtung*
- *Zugehörigkeit*
- *Offenheit*
- *Transparenz*
- *Verständigung*
- *Risikobereitschaft*

Kooperationswerte

- *Loyalität*
- *Teamgeist*
- *Konfliktfähigkeit*
- *Offenheit*
- *Kommunikations-orientierung*
- *Fairness*
- *Partnerschaft*

Moralische Werte

- *Integrität*
- *Fairness*
- *Ehrlichkeit*
- *Vertragstreue*
- *Verantwortung*
- *Aufrichtigkeit*
- *Toleranz*
- *Gerechtigkeit*
- *Solidarität*

Abbildung 4: Wertevierreck: Beispiel

hen. Die Kodifizierung eines bestimmten und für die Firma spezifischen Wertesets wird vollzogen über festgelegte und schriftlich ausformulierte Verhaltensstandards, die ihre Aussagen immer aus allen vier Werteklassen nehmen. Sie verleihen einem Unternehmen abgrenzbare Identität im Sinne: »Make a Difference!« Verhaltensstandards sind deshalb weder von allen möglichen wünschenswerten Werten bestimmt, noch sind sie ein Hort der Moralität in der Organisation. Sie beschreiben auch keinen Ist-Zustand, sondern sie bestimmen Verhaltenspräferenzen einer

Unternehmung, sind eine Absichts- und Willenserklärung und ein Selektionskriterium für Entscheidungen in Konfliktsituationen. Nur in dieser Version können sie zum Bestandteil von Managementprozessen werden.[9]

Kodifizierte Werte müssen im zweiten Schritt im Geschäftsalltag implementiert und mit Leben erfüllt werden. Grundlegend ist dabei deren Kommunikation. Dabei geht es allerdings weniger um Information und PR, sondern um etwas, das ich als

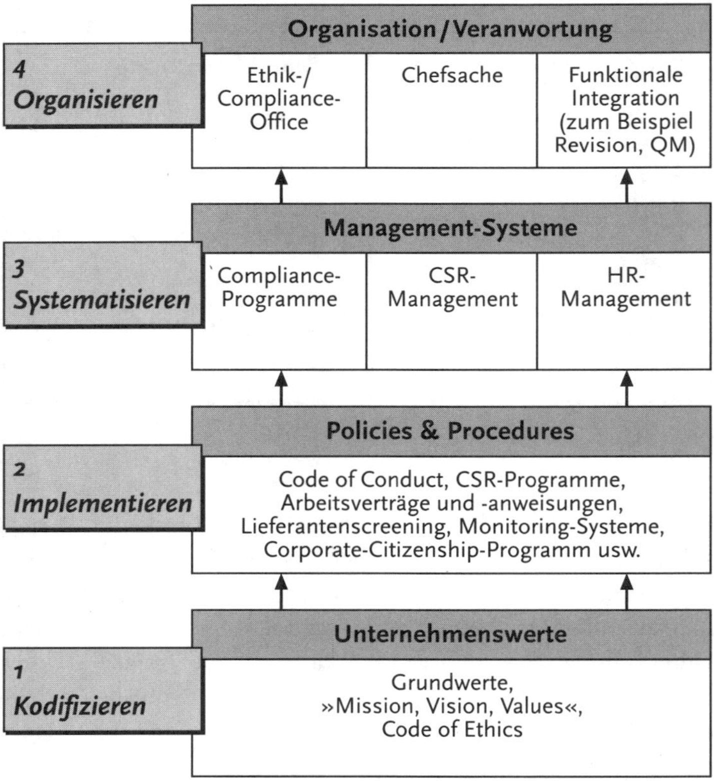

Abbildung 5: Die vier Prozessstufen des WerteManagementSystems

institutionalisierte Kommunikation bezeichnen möchte. Institutionalisierte Kommunikation zeichnet sich dadurch aus, dass sie in das operative Geschäft integriert ist und damit eben auch Konsequenzen für das Alltagsverhalten generiert. Hier einige Beispiele: Spielen die Verhaltensstandards eine Rolle bei der Auswahl von Mitarbeitern? Sind sie ein Kriterium bei der Beförderung von Nachwuchs? Sind sie relevant für die Auswahl und Bewertung von Lieferanten? Existieren Zielvereinbarungen, die ihnen Gewicht verleihen? Spielen sie in Prozessen der Pre-Merger-Evaluation und der Post-Merger-Integration eine Rolle? Werden Unternehmenskultur und deren Werte als eigenständiges und wertschöpfendes Fusionsziel behandelt oder als lästige Randbedingung von ökonomischen und technischen Fusionszielen? Existieren operationale Entscheidungskriterien für Fragen wie Menschenrechte, Umweltschutz, Kinderarbeit, Frauenarbeit, Gefangenenarbeit etc., die über die Aufnahme einer Geschäftsbeziehung oder eine Investition in einem bestimmten Teil der Erde mitentscheiden? In welcher Weise sind die Unternehmenskommunikation und die unternehmerische Gesellschaftspolitik in den Prozess der Umsetzung von Verhaltensstandards einbezogen? Gibt es Vorstellungen und Programme zur »Good Corporate Citizenship« und der Übernahme sozialer Verantwortung? Gibt es Monitoring-Systeme?

Dies sind – drittens – Fragen der Systematisierung von Wertemanagementsystemen im Geschäftsalltag, die sowohl durch Compliance- als auch durch CSR-Managementsysteme und HR-Managementsysteme vollzogen werden. Während Compliance-Programme ihren Fokus auf dem Gesichtspunkt der Rechtsförmigkeit von Unternehmensentscheidungen und Mitarbeiterhandeln haben, zielen CSR-Managementsysteme auf eine moralorientierte Selbstverpflichtung und Selbststeuerung des Unternehmens und seiner Mitarbeiter. Alle Erfahrung zeigt, dass Compliance-Programme ohne eine Werteorientierung ihr operationales Ziel des Risikomanagements nur schwer erreichen[10], während auf der anderen Seite CSR-Managementsysteme ohne den Aspekt der Compliance ohne rechtliche Grundlage sind. Neben den wertegetriebenen Verhaltensstandards und ihrer institutionellen Kommunikation bedürfen die benannten Systeme einer regelmäßigen sowie entsprechenden Evaluierung und Kontrolle. Solche Audit-Prozesse sind grundsätzlich Aufgabe einer Organisation, die sie mit internen und/oder externen Ressourcen betreiben kann.

Schließlich viertens die Organisierung eines Wertemanagementsystems: Ob sie durch »Ethics Officers/Offices« oder durch einen Nachhaltigkeitsrat oder durch die funktionale Integration in das Qualitätsmanagement, die interne Revision, die Kommunikationsabteilung oder als Stabsstelle der Unternehmensführung geschieht, hängt von der Aufgabenverteilung und den Spezifika eines Unternehmens ab. Alle diese Möglichkeiten sind produktiv, solange klar ist, dass beide Varianten nur Wirkung entfalten und lebensfähig sind, solange sie Chefsache sind. Chefsache heißt: kontinuierliche Kommunikation der Bedeutung der Werte und Vorbild in der Umsetzung durch das Topmanagement.

Es ist die soeben beschriebene Operationalisierung oder besser: Instrumentierung von Wertemanagementsystemen, die grundlegend über ihr Wirkungspotenzial und ihre Wirkungsrichtung entscheidet. Denn die Kernidee jedes Wertemanagementsystems ist einfach. Es geht darum, die handlungs- und entscheidungsleitenden Werte eines Unternehmens auf die verschiedenen Ebenen des Managements (Strategie, Organisation, Policies & Procedures, Kommunikation, Controlling) herunterzubrechen und entweder in die vorhandenen Standardinstrumente zu integrieren oder aber dort, wo nötig, spezifische Instrumente des Wertemanagements zu kreieren und zu implementieren.

IV. Eine Leitlinie für das Wertemanagement

Die bisherige Diskussion legt nahe, dass es einen Bedarf und auch eine Nachfrage für akzeptierte Kriterien eines guten Wertemanagements gibt. Denn Wertemanagementsysteme müssen zwar firmenspezifisch sein, aber eben auch gesellschaftlich akzeptiert. Diesen Gedanken werde ich nun am Beispiel des deutschen *Standards Wertemanagementsystems*^ZfW erläutern, das sich bereits seit mehr als fünfzehn Jahren in der Praxis bewährt hat. Er ist das Resultat der Kooperation des Zentrums für Wirtschaftsethik (ZfW) des Deutschen Netzwerks Wirtschaftsethik (DNWE) und einer ganzen Reihe von Unternehmen und Verbänden der Wirtschaft.[11] Hierin drückt sich eine charakteristische Eigentümlichkeit dieser Leitlinie für gute Managementpraxis aus; sie ist nämlich das Ergebnis einer jahrelangen Erfahrung mit dem Wertemanagement, das die involvierten Unternehmen hier eingebracht haben. Es ist daher weniger ein Standard, auf den ein Unternehmen sich vollständig verpflichtet (analog etwa zu ISO 9000), als vielmehr ein Guidance-Dokument, das die Mindestanforderungen an ein glaubwürdiges Wertemanagementsystem definiert und zur Überprüfung und Entwicklung des unternehmensspezifischen Wertemanagementsystems dient.

Das WerteManagementSystem^ZfW ist dynamisch strukturiert und zielt darauf, den Prozess der Implementierung und Evaluierung guter Managementpraxis anzuleiten. Es ist so entwickelt, dass es sowohl bei kleinen und mittelständischen Unternehmen als auch bei global tätigen Firmen zur Anwendung kommen kann und auch zur Anwendung kommt. Dabei definiert das WerteManagementSystem^ZfW sowohl die grundsätzlichen Forderungen und Bausteine, die erforderlich sind, damit es als seriös und zuverlässig gelten kann. Es zielt nicht auf bürokratischen Aufwand, sondern darauf, einen lebendigen Prozess der Umsetzung von moralischen Ansprüchen und Werten in einem Unternehmen, in einer bestimmten Branche oder in einem bestimmten Markt zu ermöglichen. Jedes Wertemanagementsystem hat daher nicht nur handlungsbeschränkende Komponenten, sondern, und dies in erster Linie, auch eine handlungsermöglichende Funktion für Mitarbeiter und Unternehmen. Vor diesem Hintergrund werde ich nun die Prinzipien und Bausteine des WerteManagementSystem^{ZfW} entwickeln, das gedacht ist als eine Leitlinie für nachhaltiges Management in Unternehmen.[12]

WerteManagementSystem^{ZfW} (WMS^{ZfW})

Prinzipien und Bausteine für Nachhaltigkeit in der Unternehmensführung

– Leitfaden mit praktischen Beispielen –

Der Leitfaden zum WerteManagementSystem^{ZfW} (WMS^{ZfW}) enthält Erläuterungen zu dessen Prinzipien sowie Angaben über die grundlegenden Anforderungen (Mindestanforderungen) an seine Bausteine. Des Weiteren werden zu den einzelnen Bausteinen Beispiele aus der Unternehmenspraxis gegeben – zur Illustration und Anleitung im Sinne einer »best practice«.

Teil I: Prinzipien

Prinzip

1. Ziel: Das Ziel des WMS^ZfW ist die nachhaltige Sicherung des Unternehmens in jedem Sinne des Wortes (juristisch, ökonomisch, ökologisch, gesellschaftlich).

Erläuterung

Die Unternehmenssicherung ist Ziel und Gegenstand des WMS^{ZfW}. Das schließt ein, dass die Interessen der Stakeholder der Unternehmen und Organisationen bei Entscheidungen berücksichtigt werden müssen. Im juristischen Sinn geht es beispielsweise um die Sicherung von Unternehmen und Organisationen durch die Aufrechterhaltung und Stärkung der unternehmerischen Integrität in allen Belangen des strategischen und operativen Geschäfts. Die wertegesteuerte Prävention ungesetzlicher und unfairer Geschäftspraktiken (Korruption, kartellrechtswidrige Absprachen, illegale Beschäftigung etc.) schützt dabei nicht nur vor kostspieligen Geldbußen und dem Verlust von Reputationskapital, sondern unterstützt zusätzlich die Aufrechterhaltung und Förderung der Leistungsorientierung von Führungskräften und Mitarbeitern als notwendigen unternehmenskulturellen Faktor. Schutz und Steigerung der nachhaltigen Wettbewerbsfähigkeit von Unternehmen und Organisationen sind demnach auch abhängig vom Gelingen einer an fairem Wettbewerb orientierten Unternehmens- und Führungskultur. Die Einhaltung von Rechtsvorschriften ist daher für eine nachhaltige Unternehmenssicherung ebenso unabdingbar wie die Berücksichtigung ökologischer und gesellschaftlicher Belange. Die Integration all dieser Belange in einen systematischen Managementprozess sichert die Nachhaltigkeit des Unternehmenserfolges.

2. Methode: Die wesentliche Methode des WMS^{ZfW} ist die Schaffung einer werteorientierten Organisations- und Verhaltenssteuerung durch Selbstverpflichtung und Selbstbindung. Das WMS^{ZfW} folgt damit dem Konzept einer werteorientierten Selbststeuerung. Ihre Glaubwürdigkeit basiert auf der transparenten und kontinuierlichen Kommunikation dieses Prozesses der Selbstbindung und deren einzelnen Schritte nach innen und außen.

3. Werteorientierung: Moralische Werte, Kooperationswerte, Leistungswerte und Kommunikationswerte einer Organisation sind so aufeinander zu beziehen, dass sie dieser eine spezifische Identität und Orientierung für Entscheidungen liefern.

Erläuterung

Mit der Methode der Schaffung einer werteorientierten Selbststeuerung durch Selbstverpflichtung und Selbstbindung ist die Perspektive des WMS^{ZfW} klar festgelegt. Es handelt sich um eine Richtschnur für die erfolgreiche Steuerung von Kooperationsbeziehungen mit allen Stakeholdern (Kunden, Lieferanten, Mitarbeiter, Kapitaleigner und andere wirtschaftliche und gesellschaftliche Gruppen). Selbstbindung und Selbstverpflichtung der Unternehmen und des Managements gehören zu den Grundprinzipien freier Marktwirtschaften. Sie sind kein Ersatz für eine staatliche Rahmenordnung, setzen indes den Staat in die Lage, sich auf die grundlegenden Aufgaben staatlicher Ordnungspolitik beschränken zu können, und tragen damit dem Subsidiaritätsprinzip moderner Gesellschaften Rechnung.

Hintergrund der Werteorientierung ist die fundamentale Überzeugung, dass der Wert einer Organisation abhängt von ihren Werten. Ein unternehmerisches Wertemanagement dient dabei sowohl der Entwicklung und Förderung einer spezifischen Unternehmensidentität als auch als Handlungsorientierung für schwierige Entscheidungen im unternehmerischen Alltag. Dieser hohe Anspruch kann praktisch nur eingelöst werden, wenn moralische Werte (zum Beispiel Integrität, Fairness, Ehrlichkeit, Vertragstreue, Verantwortung), Kooperationswerte (zum Beispiel Loyalität, Teamgeist, Konfliktfähigkeit, Offenheit), Leistungswerte (zum Beispiel Nutzen, Kompetenz, Leistungsbereitschaft, Flexibilität, Kreativität, Innovationsorientierung, Qualität) und Kommunikationswerte (zum Beispiel Achtung, Zugehörigkeit, Offenheit,

Prinzip

4. Anwendungsbereiche: Das WMS[ZfW] bezieht sich prinzipiell auf alle relevanten Bereiche der Unternehmensführung. Dem spezifischen Charakter des jeweiligen Unternehmens entsprechend können einzelne Teilbereiche, zum Beispiel Risiko-, Qualitäts-, Personal- und Umweltmanagement oder Corporate Citizenship, von besonderem Gewicht sein.

5. Vollständigkeit: Das WMS[ZfW] ist umfassend und integrativ anzulegen, sowohl im Hinblick auf jeden der Anwendungsbereiche als auch im Hinblick auf deren Zusammenspiel.

Transparenz, Verständigung) konsistent aufeinander abgestimmt sind und sich an der Unternehmensrealität orientieren. Die Unternehmenswerte dürfen sich weder wechselseitig widersprechen, noch dürfen den Stakeholdern damit – sozusagen an der Realität des Geschäftsalltags vorbei – nicht einlösbare Versprechen gegeben werden. So können die Grundwerte eines Unternehmens Führungskräften, Mitarbeitern und unternehmensexternen Stakeholdern gegenüber glaubwürdig kommuniziert werden. Glaubwürdigkeit und moralische Reputation sind Voraussetzungen unternehmerischen Erfolges, sei es auf Kapitalmärkten, sei es im Wettbewerb um Kunden und Mitarbeiter.

Die einzelnen Teilbereiche können folgende Aspekte umfassen:

- Risikomanagement: Betrug, Korruption, Preisabsprache, Partnerscreening
- Qualitätsmanagement: Produkt- und Produktionsqualität
- Personalmanagement: Personalauswahl, Fortbildung, Karriereplanung, Diversity, Arbeitnehmerrechte
- Umweltmanagement: Ökologische Produkt- und Produktionsverantwortung
- Corporate Citizenship: Bildungs- und Wissenschaftsförderung, Philanthropie, bürgerschaftliches Engagement, soziale Verantwortung

Die umfassende Perspektive des Wertemanagements bedeutet, dass es keine Leitlinien und Verhaltens- und Verfahrensgrundsätze in einem Unternehmen oder in einem der Anwen-

Prinzip

6. Compliance- & Werteorientierung: Das WMS^{ZfW} folgt beiden Perspektiven. Compliance dient der Sicherstellung konformen Verhaltens sowie der formalen Implementierung und Durchsetzung der firmeneigenen Leitlinien und Verhaltens- und Verfahrensgrundsätze. Legalität und Konformität sind daher ihre bestimmenden Merkmale. Werte bestimmen die Identität der Organisation und den Geist des Handelns, vor allem in formal nicht geregelten Bereichen und Grauzonen. Identifikation und Orientierung sind daher ihre Merkmale.

dungsbereiche geben darf, die nicht Bestandteil des WMS^{ZfW} sind. Für die Einführung und Implementierung heißt das, dass bestehende Leitlinien, Verhaltens- und Verfahrensgrundsätze ermittelt und in das WMS^{ZfW} integriert werden müssen.

Die integrative Perspektive des Wertemanagements ist notwendig, damit die Verhaltenssteuerung konsistent entlang der Werte des Unternehmens erfolgen kann. Sie soll davor schützen, dass die spezifischen Anforderungen von Bereichen und Abteilungen die Ausbildung und Wahrung der Corporate Identity behindern. Daher sind die relevanten Unternehmensprozesse, die durch Wertemanagement mitgesteuert werden, aufeinander abzustimmen. Nur so ist es möglich, Konsistenz und Eindeutigkeit der Grundwerte, Leitlinien, Verhaltens- und Verfahrensgrundsätze für unternehmerische Entscheidungen herzustellen und bei den Partnern des Unternehmens Vertrauenswürdigkeit in allen Belangen des strategischen und operativen Geschäfts zu erzeugen.

Wertemanagementsysteme, die nur rechtsorientiert sind, scheitern an ihrer mangelnden Überzeugungskraft; Wertemanagementsysteme, die nur werteorientiert sind, an ihrer mangelnden Operationalisierung. »Doing the right things« und »doing things right« bilden eine Einheit. Die Charakteristik von Compliance ist dabei bestimmt durch Legalität und Konformität, das heißt durch die Einhaltung von externen Regeln und Normen (Gesetze) durch das Management und die Mitarbeiter eines Unternehmens. Für die nachhaltige Sicherstellung rechtsförmigen unternehmerischen Verhaltens ist die

Prinzip

7. Entwicklungsorientierung: Wer das WMS^{ZfW} betreibt, beginnt einen permanenten Entwicklungsprozess, der nicht auf das Gute, sondern sukzessiv auf das Bessere zielt. Kriterien dafür sind das jeweilige Recht, die Werte der Gesellschaft und die Leitlinien und Verhaltens- und Verfahrensgrundsätze einer Organisation.

Erläuterung

Implementierung entsprechender Leitlinien, Verhaltens- und Verfahrensgrundsätze unabdingbare Voraussetzung. Nur so kann bei Führungskräften und Mitarbeitern nachhaltig Transparenz über die geltenden gesetzlichen Vorschriften erzeugt werden. Die Charakteristik von unternehmerischen Grundwerten ist dagegen bestimmt durch Identität und Orientierung, die sich in der Formulierung firmenspezifischer Grundwerte, Leitlinien, Verhaltens- und Verfahrensgrundsätze ausdrückt. Die Verbindung mit der Strategie, Struktur und Kultur des Unternehmens fördert den Bezug zum Unternehmensalltag, steigert dadurch die Motivation ihrer Einhaltung und kann so zur Lösung von Konfliktsituationen, auch in nicht formal regulierbaren Bereichen und Grauzonen, beitragen.

Das WMS^{ZfW} verfolgt nicht die Lieferung eines genau definierten Ergebnisses in einem genau definierten Zeitraum. Es zielt auch nicht auf perfekte Zustände. Vielmehr ist der Prozesscharakter des WMS^{ZfW} die entscheidende Voraussetzung für seinen dauerhaften Erfolg. Das WMS^{ZfW} kann weder die Wirtschaft als Ganzes direkt ändern noch das Umfeld von Unternehmen auf unmittelbarem Wege neu gestalten. Selbstbindung und Selbststeuerung durch das WMS^{ZfW} haben damit den Charakter eines permanenten Entwicklungsprozesses. Unternehmen und Organisationen, die das WMS^{ZfW} implementieren, beschreiben daher die Art und Weise, wie sie ihre Geschäfte abwickeln wollen. Das schließt ein, dass in manchen Bereichen nicht alle Ziele auf einmal erreicht werden können, sondern eine gezielte und sukzessive Veränderung der Handlungsbedingungen, der eigenen Handlungs-

Prinzip

8. Nachhaltige Wirksamkeit: Führungskräfte und Mitarbeiter müssen die Kompetenz entwickeln, wertesensible Problemstellungen selbst zu erkennen, zu akzeptieren und zu bearbeiten. Sowohl für die externe als auch für die interne Beratung solcher Prozesse gilt das Prinzip des Coachings. Die beteiligten Personen sind dafür zu gewinnen, ihr Verhalten und das ihrer jeweiligen Unternehmenseinheit dauerhaft zu verändern.

9. Topmanagement-Verantwortung: Die Verantwortung für das WMS^ZfW liegt bei der Unternehmensleitung. Sie ist insbesondere verantwortlich für eine kontinuierliche Kommunikation der Grundwerte und Leitlinien nach innen und außen sowie für die Überwachung der Implementierung und Umsetzung des WMS^ZfW.

weisen und des Verhaltens der Kooperationspartner angestrebt wird.

Die nachhaltige Wirksamkeit des WMS^{ZfW} kann nur durch die verbindliche Verpflichtung des Topmanagements, der Führungskräfte und Mitarbeiter gelingen. Das WMS^{ZfW} muss ein Prozess des Unternehmens sein, der hohe Priorität und permanente Aufmerksamkeit in der Organisation genießt. Dies erfordert, dass bei der internen oder externen Implementierungsunterstützung auf das Konzept des Coachings zurückgegriffen wird, um bei Individuen und ihren jeweiligen Unternehmenseinheiten tatsächliche Verhaltensänderungen entlang der Grundwerte, Leitlinien, Verhaltens- und Verfahrensgrundsätze zu erzeugen. Nur so ist die nachhaltige Wirksamkeit des WMS^{ZfW} zu sichern und abzugrenzen gegen kurzfristigen Aktionismus oder Delegation in professionelle Kontexte.

Ernsthaftigkeit und Glaubwürdigkeit des WMS^{ZfW} können nur erreicht werden, wenn die Implementierung, Umsetzung und öffentliche Kommunikation zur »Chefsache« gemacht werden. Die kontinuierliche Selbstverpflichtung der Unternehmensleitung auf die Grundwerte und Leitlinien belegt die Ernsthaftigkeit eines unternehmerischen Wertemanagements und erzeugt dadurch Handlungsfähigkeit und Erwartungssicherheit bei den Mitarbeitern. Hierbei ist entscheidend, unmissverständlich klarzustellen, dass die Beachtung der Grundwerte und die Einhaltung der Leitlinien Firmenpolitik sind und abweichendes Verhalten weder stillschwei-

Prinzip

10. Bewertung und Nachweis der Implementierung: Entsprechend dem Konzept der Selbstbindung und Selbststeuerung erfolgt die Bewertung des implementierten WMS^ZfW grundsätzlich durch ein internes Verfahren. Anwender erbringen gegenüber der Zentrum für Wirtschaftsethik gGmbH periodisch den Nachweis, dass alle Bausteine des WMS^ZfW implementiert sind.

Teil II: Bausteine

Baustein

1. Grundwerte-Erklärung: Grundlegender Baustein des WMS^ZfW ist die Kodifizierung der Grundwerte einer Organisation in einem »Vision, Mission und Values Statement«, einem Leitbild oder einem gleichwertigen Dokument. Solche Dokumente müssen im Hinblick auf die Organisation rele-

Erläuterung

gend erwartet noch geduldet wird. Die Überwachung der Implementierung und Umsetzung trägt darüber hinaus zur Glaubwürdigkeit des firmenspezifischen WMS^{ZfW} bei den Stakeholdern des Unternehmens bei.

Die Zentrum für Wirtschaftsethik gGmbH verlangt von allen Anwendern, dass die Implementierung des WMS^{ZfW} nachgewiesen wird. Dieser Nachweis ist erforderlich, um die Seriosität des implementierten Managementsystems zu dokumentieren. Der Nachweis erstreckt sich dabei ausdrücklich auf die formale Implementierung der Bausteine des WMS^{ZfW}. Für die Umsetzung der firmenspezifischen WMS^{ZfW} sind allein die Anwender verantwortlich. Evaluierungsverfahren zielen damit ausdrücklich nicht auf Leistungen und Erfolge einer werteorientierten Unternehmenspolitik, sondern auf die dokumentierte Existenz der Leitlinien und Verhaltens- und Verfahrensgrundsätze des WMS^{ZfW} und die Tatsache, dass diese mit Leben erfüllt sind.

Grundlegende Anforderungen

- Existenz des Dokuments
- Einbeziehung der wichtigsten Interessengruppen

vant und spezifisch sowie im Hinblick auf die Werte grundsätzlich sein. In diesen Dokumenten sind die leitenden Werte einer Organisation mit Bezug auf ihre wichtigsten Interessengruppen fixiert.

2. Strategische Ausrichtung: Das WMS^ZfW ist in die spezifische Geschäftsstrategie eines Unternehmens oder einer Organisation eingebettet. Dies trägt der Notwendigkeit Rechnung, dass Relevanz und Anwendungsfähigkeit des WMS^ZfW nur durch die Reflexion auf die gegenwärtige Identität und die gewünschte Entwicklung der Organisation in ihrer Umwelt sichergestellt werden können.

3. Implementierung: Die Umsetzung der Grundwerte-Erklärung erfolgt durch interne und externe Kommunikation, die Entwicklung entsprechender Leitlinien und Verhaltens- und Verfahrensgrundsätze sowie Training auf den involvierten Ebenen der Organisation. Sie dienen der Umsetzung der Grundwerte-Erklärung in spezifischen Bereichen der Organisation oder Regionen und müssen sukzessive in operative Dokumente einmünden. Dabei sind die integrative Konsistenz und ein alle Unternehmensprozesse umfassender Ansatz der Leitlinien und Verhaltens- und Verfahrensgrundsätze zentrale Kriterien der Seriosität.

- Die Grundwerte-Erklärung muss auf die Besonderheiten und den Charakter des Unternehmens (Strategie, Struktur, Kultur) eingehen.
- Unternehmensentwicklungsprojekte (Strategieentwicklung, Re-Engineering, Lean Management etc.) müssen die Grundwerte-Erklärung, die Leitlinien, Verhaltens- und Verfahrensgrundsätze reflektieren.

Interne und externe Kommunikation der Grundwerte-Erklärung:

- Kommunikation der Leitlinien an Geschäftspartner
- Operationalisierung der Grundwerte-Erklärung in Leitlinien (für Unternehmens- und/oder Geschäftsbereiche) und deren Umsetzung in Verhaltens- und Verfahrensgrundsätze (für bestimmte Tätigkeitsfelder)
- Training der relevanten Mitarbeiter, insbesondere in wertesensiblen Organisationseinheiten und Funktionen (zum Beispiel Vertrieb, Einkauf, interne Revision)
- Information und Beratung für Mitarbeiter und Führungskräfte in Konfliktsituationen

Beispiele: Kodifizierte Werte müssen im Unternehmen, zwischen Unternehmen und im Hinblick auf die Gesellschaft kommuniziert und mit Leben erfüllt werden. Für Unterneh-

Baustein

men und Organisationen bedeutet dies, dass die Verhaltensgrundsätze entlang folgender Fragen operationalisiert werden können:

Innerbetrieblich:

- Welche Rolle nehmen die Grundsätze bei der Personalauswahl ein?
- Sind die Grundsätze ein Kriterium bei der Beurteilung und Beförderung von Nachwuchskräften?
- Ist die Umsetzung der Verhaltensgrundsätze ein Kriterium von Zielvereinbarungen?

Beziehungen zu anderen Unternehmen und Organisationen:

- Unterstützen oder behindern die Werte und Verhaltensgrundsätze die intendierten Geschäftsstrategien?
- Werden Partner und Lieferanten nach einem Verfahren ausgewählt, das auch Kriterien zu den Grundsätzen und Werten des Codes enthält?
- Wie werden die Prozesse der »Pre-Merger-Evaluation« und der »Post-Merger-Integration« ausgerichtet? Werden Wertekulturen als eigenständiges und wertschöpfendes Fusionsziel behandelt oder als störende Randbedingung von ökonomischen und technischen Fusionszielen?

Beziehungen zur Gesellschaft:

- Existieren operationale Entscheidungskriterien für Fragen wie Menschenrechte, Umweltschutz, Kinderarbeit, Frauenarbeit, Gefangenenarbeit etc., die über die Aufnahme einer Geschäftsbeziehung oder eine Investition in einem be-

Baustein

4. Vorbild und Autonomie: Persönliches Vorbildverhalten und Engagement auf allen Ebenen der Führung einer Organisation sind Voraussetzung für den Erfolg des WMS^ZfW. Gleiches gilt für die Befähigung und Sicherstellung autonomer Entscheidungskompetenz von Mitarbeitern in ethischen Konfliktsituationen, zu denen keine expliziten Leitlinien und Verfahren im WMS^ZfW existieren. Dies trägt dem Umstand Rechnung, dass es nicht für jede denkbare Situation im Organisationsalltag konkrete Verhaltens- und Verfahrensgrundsätze geben kann.

5. Ressourcen: Je nach Größe der Organisation und Umfang des WMS^ZfW sind Ressourcen (finanzielle und humane) zu dessen Durchführung erforderlich.

stimmten Teil der Erde (mit-)entscheiden? Halten diese Kriterien einer öffentlichen Kommunikation stand?

- In welcher Weise sind die Unternehmenskommunikation und die unternehmerische Gesellschaftspolitik in den Prozess der Umsetzung von Verhaltensgrundsätzen einbezogen? Gibt es Vorstellungen zu einer Mitverantwortung und zur aktiven Mitgestaltung gesellschaftlicher Entwicklung (»Good Corporate Citizenship«, »Public Private Partnership«)?

- Zuständigkeit und Verantwortlichkeit beim Topmanagement
- Öffentliche und kontinuierliche Verpflichtung der Unternehmensleitung auf die Ziele des WMS^{ZfW} und deren Umsetzung
- Spezifische Trainingsmaßnahmen im Hinblick auf die jeweiligen Arbeitsbereiche und Tätigkeitsfelder von Mitarbeitern

Für die Dauer der Einführung des WMS^{ZfW} müssen Unternehmen und Unternehmensgruppen mit bis zu 1000 Mitarbeitern einen Projektbeauftragten mit entsprechender fachlicher Expertise bestimmen (mindestens ein Jahr), der die operative Verantwortung für die Implementierung übernimmt. Diese Funktion umfasst insbesondere unterstützende Tätigkeiten bei der Formulierung der Grundwerte-Erklärung, der Organisation und Umsetzung von Trainingsmaßnahmen, der

Baustein

6. Kommunikation: Interne und externe Kommunikation der Werte der Organisation und der Leitlinien und Verhaltens- und Verfahrensgrundsätze sind neben der Evaluierung das entscheidende Medium glaubwürdiger Selbstbindung durch das WMS^ZfW.

internen und externen Kommunikation sowie der Ausarbeitung bereichs- und funktionsspezifischer Leitlinien, Verhaltens- und Verfahrensgrundsätze.

Unternehmen und Unternehmensgruppen mit über 1000 Mitarbeitern müssen für die Dauer der Einführung des WMS[ZfW] einen Projektmitarbeiter (100 Prozent der regulären Arbeitszeit eines Vollbeschäftigten) mit entsprechender fachlicher Expertise bestimmen (mindestens zwei Jahre), der die operative Verantwortung für die Implementierung übernimmt. Diese Funktion umfasst insbesondere unterstützende Tätigkeiten bei der Formulierung der Grundwerte-Erklärung, der Organisation und Umsetzung von Trainingsmaßnahmen, der internen und externen Kommunikation sowie der Ausarbeitung bereichs- und funktionsspezifischer Leitlinien, Verhaltens- und Verfahrensgrundsätze.

Von dieser grundlegenden Anforderung kann abgewichen werden, wenn ein Unternehmen den Nachweis erbringt, dass es aufgrund geeigneter Maßnahmen und Strukturen in der Lage ist, die notwendigen Aufgaben durch eine funktional äquivalente Projektsteuerung zu erbringen. Die Funktion des Projektbeauftragten bzw. des Projektmitarbeiters kann auch von fachlich geeigneten externen Beratern übernommen werden.

Intern sind mindestens zwei der folgenden Mittel anzuwenden, wobei die Publikation zwingend ist:

- Publikation im Unternehmen
- Vorgesetztengespräch
- Gruppen-Meetings

Baustein

7. Motivation: Entsprechend den Leitlinien und Verhaltens- und Verfahrensgrundsätze sind Strukturen zu etablieren, die wertekonformes und vorbildliches Verhalten anerkennen oder fördern sowie werteverletzendens Handeln sanktionieren.

8. Evaluierung: Verfahren zur Evaluierung des WMS^{ZfW} zielen auf die Dokumentation und Überprüfung des Prozesses und auf die Nachhaltigkeit seiner Umsetzung. Selbstbewer-

Grundlegende Anforderungen

- Einweisung neuer Mitarbeiter
- Information des Betriebsrats
- CD-ROM
- Betriebszeitung
- Intranet / Internet

Extern sind mindestens zwei der folgenden Mittel anzuwenden, wobei die Kommunikation gegenüber Geschäftspartnern zwingend ist:

- Kommunikation gegenüber Geschäftspartnern
- Pressearbeit
- Betriebszeitung
- Diskussionen mit externen Interessengruppen
- Öffentliche Hotline für ethische Fragen
- Sozial-/Ökobilanzierung
- Information der Gewerkschaften
- Geschäftsbericht
- CD-ROM
- Internet

- Aufnahme des WMS^{ZfW} in Arbeitsverträge und/oder Arbeits- und Dienstanweisungen und/oder Führungskräfte-/Mitarbeiterbeurteilungssysteme
- Maßnahmen zur Sanktionierung von werteverletzendem und ungesetzlichem Handeln

---

Einrichtung eines Evaluierungs- und Dokumentationsmanagements

tung ist dabei das grundlegende Konzept. Ob dies mit zusätzlicher Unterstützung einer externen Institution geschieht, liegt in der Entscheidung der zu evaluierenden Organisation.

9. Dokumentation: Die Dokumentation des WMS^{ZfW} und seiner Evaluierung dient der Nachvollziehbarkeit seiner Implementierung und Umsetzung. Sie ist entsprechend der Organisationsstruktur und bereits zur Anwendung kommender Dokumentationssysteme zu gestalten und muss gesetzlichen Form- und Aufbewahrungsanforderungen genügen.

10. Bewertung: Das Führungsgremium einer Organisation hat die Pflicht, das WMS^{ZfW} einer regelmäßigen Bewertung mit Blick auf seine Effektivität und Effizienz zu unterziehen. Die Bewertung dient damit der Qualitätssicherung des WMS^{ZfW} und der Sicherstellung seiner Anpassungsfähigkeit an veränderte Rahmenbedingungen.

Grundlegende Anforderungen

Eine informative und umfassende Dokumentation über das WMS^{ZfW}, die Geschäftsvorfälle, die das WMS^{ZfW} in besonderer Weise betreffen, sowie über das Verfahren und die Ergebnisse der Evaluierung des WMS^{ZfW} muss vorhanden sein.

Die Durchführung der Bewertung erfolgt mindestens einmal pro Jahr und muss dokumentiert werden.

Zur Überprüfung und Weiterentwicklung dieser Leitlinie hat sich ein »Anwenderrat für WerteManagement« (AfW^{ZfW})[13] etabliert, der sich regelmäßig trifft. In ihm sind wesentliche Unternehmen der deutschen Wirtschaft vertreten, was einerseits die Praxisnähe dieser Leitlinie und ihrer Bausteine garantiert. Gleichzeitig verleihen sie diesem WerteManagementSystem eine Relevanz, die über den deutschen Markt hinausreicht. So wurde etwa das deutsche WerteManagementSystem^{ZfW} in einem Survey der italienischen Regierung für die EU-Kommission unter den führenden Systemen eingeordnet.[14]

V. Zusammenfassung

Wertemanagement in Zeitalter der Globalisierung von Märkten und Organisationen und rasch sich verändernder gesellschaftlicher Strukturen ist eine strategische und operative Managementaufgabe. Sie gehört zur »Good Corporate Governance« und ist sowohl national als auch international mittlerweile ein Standard des strategischen Managements. Das WerteManagementSystem^{ZfW} betont die Bedeutung der Gestaltung organisationaler Strukturen des Unternehmens als Anreizmedium für individuelles moralisches Verhalten. Es steht dabei im Einklang mit der Entwicklung der nationalen und internationalen Rechtsetzung, die über Rechtsfiguren der Vorstands- und Geschäftsführerhaftung oder Organisationsverschulden immer häufiger Organe des Unternehmens und seine Mitarbeiter verantwortlich hält. Die drei Kriterien zur Messung der Effektivität und Effizienz eines Wertemanagementsystems lauten: Prävention, Umfassendheit und Nachhaltigkeit. *Prävention* meint, dass Wertemanagementsysteme nicht nur auf die Aufdeckung und formale Kontrolle unmoralischen und illegalen Verhaltens in der Organisation abstellen, sondern auf dessen Verhinderung. *Umfassendheit* meint, dass ein Wertemanagementsystem nicht allein auf die Kontrolle von Zahlen und Prozessen abstellt, sondern auf die Ermöglichung moralischer Integrität in allen Bereichen und Aspekten des Unternehmens und des Geschäfts. *Nachhaltigkeit* meint, dass ein Wertemanagementsystem auf einen permanenten Prozess der Förderung moralischer und wertegetriebener geschäftlicher Handlungen und Entscheidungen abstellt.

Alle Erfahrungen zeigen jedoch – und dies ist wichtig zu vermerken –, dass ein Wertemanagementsystem, wie überhaupt alle menschlichen Errungenschaften, in keiner Weise perfekt und vollständig konfliktfrei sind. Die Konflikte, Grauzonen, Dilemmastrukturen und »hard choices« eines Unternehmens sind zwar minimierbar, können aber nicht grundsätzlich aufgelöst und vermieden werden. Wertemanagementsysteme sind daher in gewisser Weise ein moralisches Versprechen des Unternehmens und seiner Mitarbeiter, alle ihre Ressourcen zu mobilisieren und alle vernünftigen Anstrengungen zu unternehmen, die notwendig sind, die Aspekte der Humanität und Integrität in der Wirtschaft tatsächlich zu realisieren und mit Relevanz zu versehen. Nicht mehr, aber auch nicht weniger.

Manifesto
Global Economic Ethic

Consequences and Challenges for Global Businesses

Foreword

The aim of political and economic activities and decision-making in the upcoming decades will be to structure economic globalization so that it leads to long-term prosperity for everyone. Along these lines, successful globalization requires actors to be willing and able to cooperate transnationally for the sake of mutual benefit. If this cooperation does not materialize, one outcome would be for the world to sink into a state of national, regional and individual egoism to the detriment of everyone.

Productive cooperation requires in a very fundamental way a minimum level of joint, globally accepted, legal and ethical rules for economic activity as well as effective institutions and organizations to establish and enforce them. The process of globalization is still far away from having sufficiently established such rules and is instead still characterized by an enormous institutional and organizational deficit, which must be overcome through the commitment of people from all parts of the world. One part of these efforts is the establishment of shared ethical values and virtues for the business world. The development of transcultural ideals as a common bond in economic activities and decision-making is of crucial significance for this objective. The institutional and organizational deficit of globalization has resulted in a new and ever greater significance of individual virtues.

The »Manifesto for a Global Economic Ethic«, which is documented and discussed in this book, shall spark further debate on this matter. It was presented to the public at the UN Headquarters in New York on October 6, 2009 at an event within the framework of the UN Global Compact. It is therefore no coincidence that all authors of this volume emphasize the close link between the »Global Economic Ethic« and the »Global Compact« of the UN.

On this note, one of the intentions of the authors is for the Manifesto to provide individual and virtue-based ethical foundations to the management principles of the UN Global Compact.

The first signatories of the Manifesto include global figures with economic, political and religious backgrounds. The Manifesto is based on the »Declaration of the Parliament of the World Religions on a Global Ethic« proposed by the Global Ethic Foundation in Tübingen, Germany. It defines the main virtues and values, as well as the primary areas of management, for putting a global economic ethic into practice.

In his introductory article Jeffrey Sachs emphasizes the goals related to the Manifesto within the context of the objectives of the »Millennium Development« project of the United Nations to reduce extreme poverty and famine, while also stressing the significance of global cooperation and global ethics with regard to these challenges for the world population.

Following this article, the Manifesto will be printed in its exact wording.

Hans Küng draws the parallels between the global ethic of the world religions and the manifesto for a global economic ethic. Both assume that the development of human civilizations is associated with the development of virtues and values, which can and must be shared globally in practical activities, because this very civilization is not possible without them.

In a thorough analysis Klaus M. Leisinger illustrates the consequences and challenges of the Manifesto for managing firms and above all for the training of executive managers. According to his conviction, without a valued-oriented culture of leadership and a leadership style based on ethical standards, long-term economic success cannot be assured in a modern economy.

In my own article I explain the concept of the Manifesto and its most important arguments. Building on this I then attempt to demonstrate the practical consequences for business management that can be summarized by the term »transcultural value-based management«.

In the final article in this book I explain how a value-based management system functions in many enterprises today and give a detailed list of tasks for everyday business operations resulting from the standard for value-management of the Center for Economic Ethics *(Zentrum für Wirtschaftsethik)*.

The Manifesto and the articles introduced above can be conceived as impetuses to discuss a global economic ethic. In order to facilitate this on a global basis, the book will be published in German and English. If this initiative succeeds in providing a contribution to this inevitable and necessary discussion, the goal pursued by the editors of this book has been met. At this point I would like to thank Mrs. Géraldine Kortmann-Sene for her support of the editorial work of this volume.

Konstanz, March 2010
Josef Wieland

Global Economic Ethic: Vital for Sustainable Development

A foreword by Jeffrey Sachs*

The *Global Economic Ethic* is a path-breaking step on the way to sustainable development. Hans Küng, one of the world's great moral leaders and scholars, has long insisted that globalization cannot succeed without global ethics. Bankers, politicians, and economists have often countered that markets are technical contrivances without need of moral underpinnings. Yet our current economic crisis has proved Hans Küng, and his co-authors, the better diagnostician. We are living through a moral crisis as well as a financial one. Within our countries and worldwide, our ability to harness the good of science and technology and the potential of a global market economy is impeded by our failure to harness the best of the human spirit. The »Global Economic Ethic« holds out the hope for a new economy resting on common principles of humanity.

Our current times, we might say, amount to a giant missed opportunity. We are living at a time when the wonders of science and technology offer the chance to end the scourge of extreme poverty, and the untold suffering that accompanies it. Around

*Director of the Earth Institute at Columbia University and Special Advisor to UN Secretary General Ban Ki-Moon on the Millennium Development Goals.

nine million children die each year before their fifth birthday because they lack access to the most rudimentary nutrition and primary health care that could keep them alive. Ancient scourges like malaria and various worm infections are now susceptible of prevention and treatment through powerful new public health interventions and medicines, but these are not yet taken to scale for the impoverished populations who need them. Hundreds of millions of people live in chronic hunger, and therefore at the very edge of survival, because they are not helped to grow more food using the wonders of modern farm sciences, such as improved soil nutrients, high-yield seeds from conventional seed breeding, and new methods of pest control and landscape management.

And yet, at the other extreme, we find daily that the problem is not a shortage of funds, but a lack of moral direction. The world's financial system was brought to its knees by unscrupulous banking practices, which built up systemic risks without regulatory limits, because the banks had lobbied successfully to keep regulatory eyes off of their shady practices. We learn that banks were often privately betting against the very securities they had marketed to the public. And when these banking practices brought the world system to its knees, and the world's taxpayers were called upon to bail out the very banks that had caused the upheaval, the bankers turned right around and used the bailout funds to maintain their lavish and outsized bonuses.

The public is of course deeply unhappy at the recent turn of events, but the anger is poorly articulated and even more poorly translated into public policies. Without doubt, part of the problem is the lack of clear ethical standards governing business practices. The public has no clear moorings regarding banking bonuses or mega-compensation of business managers generally, and therefore suffers massive abuses at the hands of politically connected firms, whose campaign contributions and extensive lobbying outlays are able to overcome adverse public opinion.

We see too that the chronic lack of attention to the world's poor, and the shoddy business practices of many of the world's leading companies, is joined by a third moral blight of our time: the failure to take effective decisions to protect the physical earth from degradation caused by unguided natural resource use. Once again the science is conveying a shocking message to global society. Our economic productivity is over-running the earth's life support systems. We as a global society are burning so much fossil fuel, using so much fresh water, cutting down so much of the rainforest, and depositing so much nitrogen and phosphorus as fertilizer, that our combined actions are literally imperiling the ecosystems on which we depend for survival and wellbeing. Yet our responses are meager. One large meeting after the next is followed by inaction. Powerful nations reject responsibility towards the weak, while the current generation shirks responsibility vis-à-vis the generations that will soon inherit a degraded planet.

These are all certainly problems of institutions, organization, technology, and public understanding. But as Hans Küng, Klaus Leisinger, and Josef Wieland make brilliantly clear, they are also problems of moral agency. Ethical standards are needed to harness public understanding and action, and those ethical standards need to be embraced by business leaders acting within and on behalf of private companies, politicians acting as chosen representatives of collective action, and citizens acting as members of a now global community, and as the current trustees of a planet that will be home for countless generations to come.

The economy has become global in reach and organization; the gaps of wealth and poverty have global ramifications for peace and stability; and the human damage on the environment has a global scale never before possible in human history; yet our cultural understandings and ethical viewpoints, to the extent that they are invoked, often remain shockingly local in application. This has posed for Hans Küng and his colleagues a stark challenge. Can there be a truly global ethic — one that captures the heart as well as the mind — that reaches across religions and cultures and ethnicities and languages, in the same way that businesses reach across national boundaries, and vast oceans, and diverse ecosystems?

Reading these essays, the heart soars, because we are convinced that the answer is yes. If we have approached a global society and economy, and alas a global threat to ecosystems, then we can also approach a global understanding and ethical force, that builds on rather than threatens the countless diverse traditions and religions which impel local and national societies. The »Global Economic Ethic« is a compelling reflection of that possibility. It is the work of intellectual genius and global-scale goodwill, since Hans Küng and his colleagues have delved deeply into the inner heart of the world's major ethical traditions to find the common purposes and spirit which animates them, and which therefore can pull humanity together for common purposes.

The common thread of conviction across the major ethical traditions is beautifully and compellingly expressed as the principle of Humanity, and, from there, the basic values of non-violence and respect for life, justice and solidarity, honesty and tolerance, and mutual esteem and partnership are presented. »Being human must be the ethical yardstick for all economic action,« and that principle of humanity calls forth the fundamental significance of fulfilling the basic needs of each human being, »so that they can live in dignity.« From there we find the demands of respect and tolerance, the right to life and its development, the sustainable treatment of the natural environment, the rule of law, distributive justice and solidarity, the essential values of truthfulness, honesty and reliability, and the core value of mutual esteem and respect.

Klaus M. Leisinger brilliantly brings this ethical framework into the heart of business practice, by showing how business itself is a community of action, linking workers and managers, customers and suppliers, and the business itself within the broader society, so that as a community it too can thrive only if there are ethical standards for the community's actions and wellbeing. The company must be a moral actor, guided by moral commitments. But how should these commitments arise? Leisinger points to two essential points. »The management elites in all institutions, however, always have a particular responsibility—also in companies.« The top management must set the tone and the standards for »doing business with integrity.« This requires moral leadership, moral training, and ethically guided performance criteria and incentive systems. Leisinger, citing Albert Schweitzer, is compelling in his view that »reflections on ethics lead to an elevation and enlivenment of the moral disposition of human beings,« and his recommendation to combine »basic knowledge of ethics with group work on real case studies,« is powerful and sage advice.

Josef Wieland too gives us enormous practical help in translating the »Global Economic Ethic« into management actions, through a series of compelling reflections and practical guidance. As with Leisinger, Wieland too seeks to ensure that principles, especially high-minded ones, don't float above and around us without touching the terra firma of real business operations. For Wieland, the core of the challenge is to manage cross-culturally, building on »common collective ethical values and experiences.« Diversity is real, but so too are the »common and shared principles and values« which can create a »network of diversity.« Wieland takes us step by step into the structure of that network, showing how values management can be translated into the actions of the firm, in areas as specific as compliance, corporate social responsibility (CSR), and human resource management. For Wieland, the complexity of global production systems stretching across the world and therefore across cultures and political boundaries is not a reason to shun the search for common values, but rather is the core reason why such a search is so vital. Precisely because of the complexity of transcultural management, »modern business cannot do without a system of values management.« Values and ethics are vital »informal steering mechanisms« of the firm, as of any large-scale societal organization.

We are heartened, enlightened, and inspired by these essays, and by the very demonstration of a »Global Economic Ethic«, put before us in such clear and compelling terms. They show us the way to harness diversity, and to find common touchstones across what are sometimes seemingly impenetrable divides. They give us the confidence to envision economics not only in technical terms but also as part of a human framework guided by humane principles. Even a system as vast and dynamic as the global market system must not be allowed to slip the bounds of humanity itself.

Most importantly, they bid us to respect each other through a renewed and heightened appreciation of our common fate as human beings, and our common hopes for dignity, solidarity, and sustainability. These essays reaffirm the key point that what unites humanity is vastly more important than whatever might divide us. They remind me of the eloquent words spoken by John F. Kennedy in his inspiring search for peace in his time, a search that continues to light the way for peace in ours:

So, let us not be blind to our differences — but let us also direct attention to our common interests and to the means by which those differences can be resolved. And if we cannot end now our differences, at least we can help make the world safe for diversity. For, in the final analysis, our most basic common link is that we all inhabit this small planet. We all breathe the same air. We all cherish our children's future. And we are all mortal.

(John F. Kennedy, Speech at The American University, Washington D.C., June 10, 1963.)

MANIFESTO

Global Economic Ethic – Consequences for Global Businesses

Preambel

For the globalization of economic activity to lead to universal and sustainable prosperity, all those who either take part in or are affected by economic activities are dependent on a values-based commercial exchange and cooperation. This is one of the fundamental lessons of today's worldwide crisis of the financial and product markets.

Further, fair commercial exchange and cooperation will only achieve sustainable societal goals when people's activities to realize their legitimate private interests and prosperity are imbedded in a global ethical framework that enjoys broad acceptance. Such an agreement on globally accepted norms for economic actions and decisions—in short, for »an ethic of doing business«—is still in its infancy.

A Global Economic Ethic—a common fundamental vision of what is legitimate, just, and fair—relies on moral principles and values that from time immemorial have been shared by all cultures and have been supported by common practical experience.

Each one of us—in our diverse roles as entrepreneurs, investors, creditors, workers, consumers, and members of different interest groups in all countries — bears a common and essential responsibility, together with our political institutions and international organizations, to recognize and apply this kind of global economic ethic.

For these reasons, the signatories of this declaration express their support of the following Manifesto.

Manifesto for a Global Economic Ethic

In this declaration, the fundamental principles and values of a global economy are set forth, according to the *Declaration toward a Global Ethic* issued by the Parliament of World Religions in Chicago in 1993. *The principles in this manifesto can be endorsed by all men and women with ethical convictions, whether these be religiously grounded or not.* The signatories of this declaration commit themselves to being led by its letter and its spirit in their day-to-day economic decisions, actions, and general behavior. This Manifesto for a Global Economic Ethic takes seriously the rules of the market and of competition; it intends to put these rules on a solid ethical basis for the welfare of all.

Nothing less than the experience of the current crisis affecting the whole economic sphere underlines the need for those internationally accepted ethical principles and moral standards, which we all need to breathe life into in our day-to-day business practices.

I.
The principle of humanity

The ethical frame of reference: *Differences between cultural traditions should not be an obstacle to engaging in active cooperation for esteem, defense, and fulfillment of human rights. Every human being—without distinction for age, sex, race, skin color, physical or mental ability, language, religion, political view, or national or social origin—possesses an inalienable and untouchable dignity. Everyone, the individual as well as the state, is therefore obliged to honor this dignity and protect it. Humans must always be the subjects of rights, must be ends and never mere means, and must never be the objects of commercialization and industrialization in economics, politics, and the media, in research institutes, or in industrial corporations.*

The fundamental principle of a desirable global economic ethic is humanity: Being human must be the ethical yardstick for all economic action: It becomes concrete in the following guidelines for doing business in a way that creates value and is oriented to values for the common good.

Article 1

The ethical goal of sustainable economic action, as well as its social prerequisite, is the creation of a fundamental framework for sustainably fulfilling human beings' basic needs so that they can live in dignity. For that reason, in all economic decisions the uppermost precept should be that such actions always serve the formation and development of all the individual resources and capabilities that are needed for a truly human development of the individual and for living together happily.

Article 2

Humanity flourishes only in a culture of respect for the individual. The dignity and self-esteem of all human beings—be they superiors, co-workers, business partners, customers, or other interested persons—are inviolable. Never may human beings be treated badly, either through individual ways of conduct or through dishonorable trading or working conditions. The exploitation and the abuse of situations of dependence as well as the arbitrary discrimination of persons are irreconcilable with the principle of humanity.

Article 3

To promote good and avoid evil is a duty of all human beings. Thus this duty must be applied as a moral yardstick to all economic decisions and courses of action. It is legitimate to pursue one's own interests, but the deliberate pursuit of personal advantage to the detriment to one's partners—that is, with unethical means—is irreconcilable with sustainable economic activity to mutual advantage.

Article 4

What you do not wish done to yourself, do not do to others. This *Golden Rule* of reciprocity, which for thousands of years has been acknowledged in all religious and humanist traditions, promotes mutual responsibility, solidarity, fairness, tolerance, and respect for all persons involved. Such attitudes or virtues are the basic pillars of a global economic ethos. Fairness in competition and cooperation for mutual benefit are fundamental principles of a sustainably developing global economy that is in conformity with the *Golden Rule.*

II.
Basic values for global economic activity

The following basic values for doing business globally further develop the fundamental principle of humanity and make concrete suggestions for decisions, actions, and general behavior in the practical sphere of economic life.

Basic values: non-violence and respect for life

The ethical frame of reference: *To be authentically human in the spirit of our great religious and ethical traditions means that in public as well as in private life we must be concerned for others and ready to help. Every people, every race, every religion must show tolerance and respect—indeed high appreciation—for every other. Minorities—be they racial, ethnic, or religious—require protection and support by the majority.*

Article 5

All human beings have the duty to respect the right to life and its development. Respect for human life is a particularly lofty good. Thus every form of violence or force in pursuit of economic goals is to be rejected. Slave labor, compulsory labor, child labor, corporal punishment, and other violations of recognized international norms of labor law must be suppressed and abolished. With utmost priority, all economic agents must guarantee the protection of human rights in their own organizations. At the same time, they must make every effort to see to it that, within their sphere of influence, they do nothing that might contribute to violations of human rights on the part of their business partners or other parties involved. In no way may they themselves draw profit from such violations.

The impairment of people's health through adverse working conditions must be stopped. Occupational safety and product safety according to state-of-the-art technology are basic rights in a culture of non-violence and respect for life.

Article 6

Sustainable treatment of the natural environment on the part of all participants in economic life is an uppermost value-norm for economic activity. The waste of natural resources and the pollution of the environment must be minimized by resource-conserving procedures and by environmentally friendly technologies. Sustainable clean energy (with renewable energy sources as far as possible), clean water, and clean air are elementary conditions for life. Every human being on this planet must have access to them.

Basic values: justice and solidarity

The ethical frame of reference: *To be an authentic human being means—in the spirit of the great religious and ethical traditions—not misusing economic and political power in a ruthless struggle for domination. Such power is instead to be used in the service of all human beings. Self-interest and competition serve the development of the productive capacity and the welfare of everyone involved in economic activity. Therefore, mutual respect, reasonable coordination of interests, and the will to conciliate and to show consideration must prevail.*

Article 7

Justice and the rule of law constitute reciprocal presuppositions. Responsibility, rectitude, transparency, and fairness are fundamental values of economic life, which must always be characterized by law-abiding integrity. All those engaged in economic activity are obliged to comply with the prevailing rules of national and international law. Where deficits exist in the quality or the enforcement of legal norms in a particular country, these should be over-ruled by self-commitment and self-control; under no circumstances may one take advantage of them for the sake of profit.

Article 8

The pursuit of profit is the presupposition for competitiveness. It is the presupposition for the survival of business enterprises and for their social and cultural engagements. Corruption inhibits the public welfare, damaging the economy and the people, because it systematically leads to false allocation and waste of resources. The suppression and abolition of corrupt and dishonest practices, such as bribery, collusion agreements, patent piracy, and industrial espionage, demands preventive engagement, which is a duty incumbent on all those active in the economy.

Article 9

A major goal of every social and economic system that aims at equal opportunity, distributive justice, and solidarity is to overcome hunger and ignorance, poverty and inequality, throughout the world. Self-help and outside help, subsidiarity and solidarity, private and public engagement—all these are two sides of the same coin: they become concrete in private and public economic investments, but also in private and public initiatives to create institutions that serve to educate all segments of the population and to erect a comprehensive system of social security. The basic goal of all such efforts is a true human development directed at the promotion of all those capabilities and resources that enable men and women to lead a life of self-determination in full human dignity.

Basic values: honesty and tolerance

The ethical frame of reference: *To be authentically human in the spirit of our great religious and ethical traditions means that we must not confuse freedom with arbitrariness or pluralism with indifference to truth. We must cultivate integrity and truthfulness in all our relationships instead of dishonesty, dissembling, and opportunism.*

Article 10

Truthfulness, honesty, and reliability are essential values for sustainable economic relationships that promote general human well-being. They are prerequisites for creating trust between human beings and for promoting fair economic competition. On the other hand, it is also imperative to protect the basic human rights of privacy and of personal and professional confidentiality.

Article 11

The diversity of cultural and political convictions, as well as the diverse abilities of individuals and the diverse competencies of organizations, represents a potential source of global prosperity. Cooperation for mutual advantage presupposes the acceptance of common values and norms and the readiness to learn from each other and to respectfully tolerate one another's otherness. Discrimination of human beings because of their sex, their race, their nationality, or their beliefs cannot be reconciled with the principles of a global economic ethic. Actions that do not respect or that violate the rights of other human beings are not to be tolerated.

Basic values: mutual esteem and partnership

The ethical frame of reference: *To be authentically human in the spirit of our great religious and ethical traditions means the following: We need mutual respect, partnership, and understanding, instead of patriarchal domination and degradation, which are expressions of violence and engender counter-violence. Every individual has intrinsic dignity and inalienable rights, and each also has an inescapable responsibility for what she or he does and does not do.*

Article 12

Mutual esteem and partnership between all those involved — in particular, between men and women — is at once the prerequisite and the result of economic cooperation. Such esteem and partnership rest on respect, fairness, and sincerity toward one's partners, be they the executives of a firm or their employees, their customers, or other stakeholders. Esteem and partnership form the indispensable basis for recognizing situations in which unintentional negative consequences of economic actions pose a dilemma for all concerned — a dilemma that can and must be resolved by mutual effort.

Article 13

Partnership likewise finds its expression in the ability to participate in economic life, in economic decisions, and in economic gains. How such participation may be realized depends on the diverse cultural factors and regulatory structures prevailing in different economic areas. However, the right to join forces in order to responsibly pursue personal and group interests through collective action represents a minimal standard that must everywhere be recognized.

Conclusion

All economic agents should respect the internationally accepted rules of conduct in economic life; they should defend them and, within the framework of their sphere of influence, work together for their realization. Fundamental are the human rights and responsibilities as proclaimed by the United Nations in 1948. Other global guidelines issued by recognized transnational institutions — the Global Compact of the United Nations, the Declaration on Fundamental Principles and Rights at Work of the International Labour Organization, the Rio Declaration on Environment and Development, and the UN Convention against Corruption, to name just a few — all agree with the demands set forth in this Manifesto for a Global Economic Ethic.

First signatories

Michel Camdessus, Gouverneur honoraire
de la Banque de France
Walter Fust, CEO, Global Humanitarian Forum
Margot Käßmann, Lutheran Bishop of Hanover
and Chairperson of the Council of the Evangelical
Church in Germany
Georg Kell, Executive Director, UN Global Compact Office
Samuel Kobia, General Secretary of
World Council of Churches
Hans Küng, President, Global Ethic Foundation
Karl Lehmann, Cardinal, Bishop of Mainz
Klaus M. Leisinger, CEO, Novartis Foundation
Peter Maurer, Ambassador and Permanent Representative
of Switzerland to the United Nations
Mary Robinson, President, Realizing Rights:
The Ethical Globalization Initiative
Jeffrey Sachs, Director, The Earth Institute,
Columbia University
Juan Somavia, Director General, International
Labour Organization
Desmond Tutu, Archbishop emeritus and
Nobel Peace Prize Laureate
Daniel Vasella, Chairman of the Board, Novartis International
Tu Weiming, Professor of Philosophy,
Harvard University and Beijing University
Patricia Werhane, Professor of Business Ethics,
University of Virginia, Darden School of Business
and DePaul University
James D. Wolfensohn, former President of the World Bank
Carolyn Woo, Dean, Mendoza College
of Business University of Notre Dame

The declaration was composed by a working committee
of the Global Ethic Foundation:
Prof. Dr. Heinz-Dieter Assmann (Tübingen University)
Dr. Wolfram Freudenberg (Freudenberg Group)
Prof. Dr. Klaus M. Leisinger (Novartis Foundation)
Prof. Dr. Hermut Kormann (Voith AG)
Prof. Dr. Josef Wieland (*Drafter*, Konstanz University
of Applied Sciences)
Prof. h.c. Karl Schlecht (Putzmeister AG)

Officers of the Global Ethic Foundation:
Prof. Dr. Hans Küng (President)
Prof. Dr. Karl-Josef Kuschel (Academic Adviser)
Dr. Stephan Schlensog (Secretary-General)
Dr. Günther Gebhardt (Senior Advisor)

Tübingen, April 1, 2009

The Global Economic Crisis Requires a Global Ethic

The Manifesto for a Global Economic Ethic

Hans Küng

A couple of years ago, when I would speak on ethical aspects in economics, I felt often like a voice calling in the desert.* With the present global economic crisis, however, it has become much easier for me to address this issue. More and more people realize that this crisis has also to do with common ethical values and standards. One might argue: do we not have laws which need just to be enforced? Sure, solutions to this crisis require all provisions of the law. But laws are not enough. As you know, the political will to fight greed, fraud, corruption and self-aggrandizement is often weak, because it is not supported by an ethical will. Laws without morality cannot endure, and no legal provision can be implemented without moral consciousness based on some elementary ethical standards. But is this not just an issue of individual morality? Not at all, it is also an issue of corporate

*This article is based on my speech held at the Launching of the Manifesto at the UN Headquarters in New York on October 6, 2009. I would like to thank the Swiss Confederation, the UN-Global Compact and Novartis Foundation for Sustainable Development.

morality and concerns the global market economy as a whole. Hence my first reflection:

1. The failure of markets, institutions and morality calls for an ethical framework

Recent experiences have proved that the sustainability of the market economy is by no means guaranteed. Indeed, one cannot escape the fact that the emergence of global capitalism has brought with it an entirely new set of risks. Trying to find a single reason for, or solution to, the challenges of the global market economy in a particular country or in a particular region is unlikely to be successful. In fact, what we often observe is that, in such a situation, mutual recriminations occur: economists accuse politicians and politicians accuse economists; while the average citizen frequently sees the moral defects of both protagonists. In any case, if only one of the three elements, whether it be economics, politics, or morality, does not work, it can cause serious difficulties for the market economy.

Scholars distinguish between three types of failures of the capitalist system (cf. John Dunning, Global Capitalism at Bay, 2001):

I. **A failure of markets:** moral hazard, inappropriate macroeconomic politics, excessive speculation (property and stock market), etc.
II. **A failure of the institutions:** inefficient functioning of the regulatory and supervisory systems, an inadequate legal and financial infrastructure, lack of accountability and/or transparency and inadequate standards in financial reporting.
III. **A failure of moral virtues**, which lies at the core of the failure of the markets and institutions. Such failures include

casino-capitalism and corruption, lack of truthfulness, trust and social responsibility, and excessive greed of the investors or institutions, falsified balance sheets and illegal manipulation of the markets.

Of course, all three dimensions are man-made and can be influenced by men: the markets by the behavior of customers and the supply-structures, the institutions by wise regulations, enforced standards and transparent self-commitments. People therefore have the moral responsibility to build an adequate institutional framework for the economy.

Obviously ethic is not just the icing on the cake, is not marginal or artificially put on features in shaping global market economy. No, it is justified to talk of a **moral framework** which is both interactive and interdependent with the economic function of the main institutions of the economic system: markets, governments, civil society and supranational organisations.

One conclusion we can draw is that ethic does **not only** denote **moral appeals, but moral action**. Nevertheless a strain is often needed in the economy, as within the contemporary crisis, in order to create the pressure to reform—which can turn into a political agenda. I strongly believe that in the long run, the global market economy will only be accepted in the different regions and nations if it is socially acceptable. After all, in a democratic society, the majority of the electorate has repeatedly to be convinced that a strong ethical framework supports both the operation and effects of the global markets and the extramarket institutions. Such a framework influences the behavior and the decisions of those who are directly involved in the process of production and distribution and of those who bear political responsibility. But what could be elements of this ethical framework? In this respect a lot of people have doubts: is a global consensus possible? Hence my second reflection:

2. The claims of the UN Global Compact as well of the OECD guidelines require cross-cultural ethical values and standards

Obviously, all ethical values and standards are culture-bound, but there are core values and standards that are universal. In this respect, the **UN Global Compact**, which was initiated by Secretary-General Kofi Annan in 1999 offers a most valuable starting point. It has already been joined by more than 5200 corporate participants and stakeholders from over 130 countries. I am most grateful to its Executive Director Georg Kell for having accepted to be a co-convenor of our symposion. The **claims** it makes on the corporate conduct in a globalized economy are **fourfold**: (1) Respect and support of Human Rights, (2) adhere to responsible labor standards, (3) protect the environment according to the precautionary principle, and (4) work against corruption in all its forms. These claims are obviously based on the conviction that everywhere on earth — i.e. in all societies, cultures and religions — people need to recognize and accept comparable basic pillars which allow them to live together peacefully without compromise to their interests and concerns. In this respect, the contents of the UN Global Compact are very much in accord with the ideas of the **Declaration Toward a Global Ethic** of the Parliament of the World's Religions in Chicago in 1993 of which I had the honor and burden to function as drafter. It has been confirmed by the InterAction Council's proposal for a »Universal Declaration of Human Responsibilities« and by the Manifesto »Crossing the Divide. Dialogue among Civilizations«.

Based on the Chicago Declaration, the new Manifesto, **»Global Economic Ethic — Consequences for Global Businesses«** intends to support the Global Compact from the angle of ethics.

At this point the **OECD Guidelines for Multinational Enterprises** (MNEs) (OECD 2000) also deserve to be quoted. Their claims presuppose very specific ethical standards, notably:

- the claim for disclosure: it requires the will to **truthfulness**, honesty, transparency.
- the claim for environmental protection, public health, and safety: it requires **reverence for life**, all life including that of animals and plants;
- the claim to refrain from slush corruption and bribery: it requires both a basic attitude towards **justice and fairness** and the will to encompass a just economic system;
- the claim to avoid any kind of gender, color or age discrimination at the workplace: it implies the ethical conviction of the **partnership** of men and women and the necessity for equal rights.

Who assumes that these are only abstract and general statements should read the already mentioned **Declaration Toward a Global Ethic**; the text can be found on the homepage of the Global Ethic Foundation (www.global-ethic.org). There, principles stemming from all the major ethical and religious traditions are applied to contemporary situations. All this leads us to conclude that the question of cross-cultural global values and ethical standards, which is crucial for the success of global market economy can, indeed, be answered, despite all cultural differences. This leads me to my third reflection:

3. Such a Global Ethic is based on the principles of humanity and reciprocity and the basic standards of non-violence, fairness, truthfulness and partnership

A lot of what is proclaimed as God's commandment in the Hebrew Bible, in the New Testament and in the Koran can also be found in the religions and philosophies of Indian and Chinese origins and also in humanist philosophies not rooted in any religion.

The Global Ethic Declaration identified two basic principles which underlie all ethical values and standards: humanity (»ren« in Chinese) and reciprocity (»shu«):

- First, the **principle of humanity**. When this is applied, it changes the atmosphere in any office, factory, store or business: »Every human being—man or woman, white or colored, rich or poor, young or old—must be treated humanely and not inhumanely, even bestially.«
- Second, the **principle of »reciprocity«** or the Golden Rule. It can be found already in the analects of Confucius, but also in the biblical, islamic and other traditions: »What you do not wish done to yourself, do not do to others.«

The Global Ethic Declaration of 1993 is the ethical frame of reference of this new »**Manifesto for a Global Economic Ethic**«. The principle of humanity, supported by the Golden Rule of reciprocity (Art 4), constitutes also the foundation (Part I) of this new Manifesto (Art 1–4).

Based on these two fundamental principles, there are **four basic values and standards** (Part II) one can find already in the writings of Patanjali, the founder of yoga, but also in the Buddhist Canon and in all major religious and non-religious traditions: not to murder, not to steal, not to lie, not to abuse sexuality. They structure also our Manifesto:

- a commitment to a culture of non-violence and reverence for life (cf. Art. 5–6);
- a commitment to a culture of fairness and a just economic order (cf. Art. 7–9);
- a commitment to a culture of truthfulness and tolerance (cf. Art. 10–11);
- a commitment to a culture of partnership and equal rights of men and women (cf. Art. 12–13).

4. The Manifesto on a Global Economic Ethic reminds all stakeholders in global businesses of their individual responsibilities for humanizing the functioning of the global economy: globalization needs a global ethic

You may have noted that our Manifesto does not presuppose a specific ethical system (»ethics«), but only a few elementary ethical values and standards which are common to all of humanity (»ethic« or »ethos« as an internal ethical conviction or attitude, a personal commitment to live by binding values, set standards and personal fundamental principles or virtues).

This Manifesto was drafted by a group of economists, businessmen, and ethicists under the auspices of the Global Ethic Foundation. It is understood as a response to the current global economic crisis from the angle of ethics but work on the declaration had already started long before. The call for an ethical framework for the global financial markets and global economics has been heard loudly from many sides worldwide since the beginning of the current crisis. By offering this Manifesto, the Global Ethic Foundation builds on its ethical expertise especially expressed by the »Declaration Toward a Global Ethic« (1993).

In the Global Ethic Foundation, the authors reflected carefully on the criteria of such a Manifesto. It should avoid to be a casuistic moral sermon or an enthusiastic religious proclamation. It should rather:

- be related to reality,
- reach to the deeper ethical levels,
- be comprehensible beyond narrow circles of experts,
- be capable of securing a consensus.

The Manifesto therefore avoids statements which might be rejected a priori by particular ethical or religious traditions (e.g. on interest). The authors are convinced that the Manifesto has been worked out in accordance with these criteria. This new Manifesto on a Global Economic Ethic reminds all stakeholders in global businesses of their individual responsibilities for humanizing the functioning of the global economy: Globalization needs a Global Ethic. The Manifesto has been signed by a range of eminent personalities (see bottom of Manifesto, page 165).

This New York symposium is understood as being the first step in a threefold process to present the Manifesto to the relevant stakeholders in economy and businesses worldwide and to thus stimulate the global discourse on ethic and economy. The following further steps are planned:

Seeking endorsement from further signatories from business, economics, and politics;

Discussion of the declaration in economic circles, companies, and other relevant forums.

Every individual person or business company who wishes to support the Manifesto can do so by putting their names on the homepage of the Manifesto: www.globaleconomicethic.org.

This Manifesto is not a legally binding document but a moral appeal. The signatories show that they endorse the analyses and suggestions expressed in the Manifesto and wish to contribute to the development of an ethical framework for the global economy. But the signatories will not be held accountable for the implementation of any of the demands and suggestions expressed in the text.

Our Manifesto is not a repressive, but a constructive and helpful document. It provides to everybody in these stormy seas an orientation as a chart to steer by, a map with clear ethical coordinates and finally a compass: a conscience which functions incorruptibly even in crisis, an ethical guideline for the difficult decisions that need to be taken in the harsh reality of everyday life.

Business Ethics by Manager Ethics

Klaus M. Leisinger[1]

For the globalization of economic activity to lead to universal and sustainable prosperity, all those who either take part in or are affected by economic activities are dependent on a values-based commercial exchange and cooperation.

Manifesto Global Economic Ethic

Understanding the writings on the wall

The flood of reports on the financial and economic crisis of recent months has not only evoked, but can be seen as a sign of, an escalating loss of trust in the market economy and in its major actors. This is demonstrated unanimously in the following views:

- The *Harvard Business Review*, normally not an organ that is given to suggesting sociopolitical reforms to the management of large companies, identifies as Trend 3 in »ten trends you have to watch«: »Trust in Business is running out«. The article refers to surveys by Edelman (The Edelman Trust Barometer), which indicate that 62% of adults in 20 countries placed less trust in companies in December 2008 than they did a year before. The *Harvard Business Review* then asks »Why should this concern strategists?« and offers the answer: »Because a low-trust environment makes everything about doing business more difficult.« It therefore recommends:

»The strategic imperative for most companies is to do what they can to regain the trust of stakeholders and to more effectively manage relationships with them. This starts at the top. Corporate leaders need to demonstrate to civil society that they understand popular and political concerns related to executive compensation, risk management, board oversight, and the treatment of employees facing layoffs. Regaining trust also means dispensing with the view that the only objective of management is to increase shareholder value. Broadening the list of key stakeholders to include employees, customers, suppliers, communities, the press, unions, government, and civil society will help companies to rebuild credibility.«[2]

- The same edition of the *Harvard Business Review* publishes an article entitled »Shareholders First? Not so fast …«, which shows that the exclusive concentration of management on increasing *shareholder value* does not lead to long-term success in many cases, but simply allows companies to look good in the short-term and on the surface:

»Shareholder capitalism (…) doesn't motivate or engage the workforce in a way that engenders high performance (…). Customers, for their part, care about the quality of the goods and services they're getting and how they're being treated — not about stock price. And suppliers seek partnerships based on trust and mutual commitment for the long term, not share appreciation.«[3]

The *Harvard Business Review* comes back to the debate from another perspective in its first edition in 2010: Roger Martin criticizes shareholder value driven capitalism as being based on a flawed logic, tempting CEOs to make moves that are focused too much on what is profitable in the short term. With reference to the Johnson & Johnson »Credo« and a comprehensive understanding of »customer,« Martin demands to make a shift to »customer-driven capitalism.«[4]

- In an editorial on the first page of its business section, the *Frankfurter Allgemeine Zeitung (FAZ)*—likewise not a newspaper known for hostility to business—criticizes business schools for their inappropriate training models because they are too far slanted toward short-term increases in profit. With this argumentation the German elitist newspaper takes up an argumentation that was initiated by Sumantra Ghoshal[5] and Rakesh Khurana[6]. The newspaper heaps praise on a Hippocratic-style »MBA Oath« for Harvard Business School graduates, which includes a raft of pledges, such as »I will act with utmost integrity and pursue my work in an ethical manner.« It goes on to criticize wrong incentive structures and the fact that a great many employers still tend to promote those people who are best at toeing the line. Out-of-the-box thinkers are frequently seen as troublemakers.[7]
- Researchers from the UN think-tank known as the Millennium Project list 15 key global challenges for the future. In this list, the role of »ethical market economies« in helping to reduce the gap between rich and poor appears in seventh position—behind the problem categories of climate change, provision of clean water, population growth versus dwindling resources, authoritarian regimes, short-termism of policymakers and the digital divide, but ahead of the threat of new disease pathogens, terrorism, weapons of mass destruction and organized crime.[8]
- The 2009 Edelman Trust Barometer reports that confidence in CEOs has hit a new low globally and stipulates that »Business must make fundamental changes if it is to regain the license to operate (...) rebuilding trust requires business to

think and communicate differently, to partner with governments and NGOs, to be transparent by speaking publicly about goals, and then document successes and failures.«[9]

- Last but not least, various passages in the social encyclical *Caritas in Veritate*, published in July 2009, also take a clear stand on the subject of business and manager ethics:

»Profit is useful if it serves as a means towards an end that provides a sense both of how to produce it and how to make good use of it. Once profit becomes the exclusive goal, if it is produced by improper means and without the common good as its ultimate end, it risks destroying wealth and creating poverty.« (21)

»Economy and finance, as instruments, can be used badly when those at the helm are motivated by purely selfish ends. Instruments that are good in themselves can thereby be transformed into harmful ones. But it is man's darkened reason that produces these consequences, not the instrument *per se*. Therefore it is not the instrument that must be called to account, but individuals, their moral conscience and their personal and social responsibility.« (36)

Of course these ideas are not completely new—they have been an integral part of the debate on business and corporate ethics for many years. What is new, however, is that opinions on these subjects are being voiced in quarters where they were not so clearly heard in the past, if at all. There could be more to this than a temporary mood arousal by the present financial and economic crisis. We could find ourselves in a situation that is in line with a metaphor my friend Vittorio Hösle used many years ago in the context of the ecological crisis: »When you are standing in the middle of a frozen lake, it is not enough to recognize the danger you are in by the cracking of the ice under your feet; you have to find ways to escape the danger. And even if you are surrounded on all sides by swathes of fog, philosophy may still hope to recognize terra firma through the light it casts; it may perhaps point in the direction one has to go — a direction which cannot then be backwards if the way back is longer than the way forward.«[10]

Knowledge of moral conduct, in business or in other spheres of human life, has always been accessible to anyone who cares.[11] Roughly speaking (and leaving aside the regulatory aspects of the issue), there are two levels of approach towards improving the moral quality of corporate activity: the *institutional level* (i.e. corporate ethics defined by rules and norms of moral conduct and the establishment of a congruous governance structure) and the *personal level* (i.e. virtuousness of managers and their capability of moral reflection and of demonstrating *moral leadership*).[12]

In the following paragraphs I will try to give examples of what can be done at both levels, but in particular at individual level, to ensure that the quality of corporate activity meets moral criteria.

The company as a collective moral actor

Companies, as Thomas Donaldson aptly remarked, are an unusual entity in moral terms: they have neither behinds that can be kicked nor a soul that can be damned. They have no conscience to rob them of their sleep and no body that can be sent to prison.[13] Nevertheless companies are »legal entities« and thus have certain rights and obligations, including moral ones. They can be prosecuted for past illegitimate actions of managers who even no longer work in the company or are no longer alive. Corporations can be held liable for offenses committed by their employees.

Traditional moral philosophy refers almost exclusively to actions and omissions of individuals — they are the moral subjects. However, today's corporate landscape and the global economy are characterized by a high degree of complexity, a pronounced division of labor and also an enormous density of interaction. The interplay of these factors means that the application of ethical concepts related to individuals is no longer sufficient: the marked division of labor and responsibilities in relation to narrowly defined spheres of influence can lead to a situation where every single action is ethically neutral *per se*, but the combined result could be a collective irresponsibility that can no longer be attributed to the individual acting in isolation. In my experience, high-publicity damage to people and the environment is not usually caused by unscrupulous perpetrators but most often the cumulative result of many years of minor deficiencies and undesirable developments that were accepted because they were below the threshold of attention or intervention.[14]

Today, most people in modern societies attribute substantially broader and deeper responsibility especially to large international companies than they did 20 or 30 years ago. They expect »good« companies not only to maintain and increase their economic, technical and scientific expertise, but also to be socially aware and act according to higher moral standards. In view of their ability to mobilize and harness human, financial, scientific and technical resources, and the higher social, economical and ecological impact their activities can have, companies must be held more strictly accountable than individuals.

Although the human body consists of many different cells, each person represents infinitely more than the sum of those body cells' characteristics. The same applies to companies and their employees. Organizations are better able than individuals to do different things simultaneously with the same degree of attention; engaging themselves, for example, not only in their operational activities, but also in the constitution, modification and discursive explanation of the moral standards that guide their operations. There are two sides to the central aspect of corporate morality: one consists of integrating moral aspirations and values into the corporate mission, the other consists of establishing every conceivable institutional framework to ensure that corporate decision-making is informed not only by the business variables, but also by normative variables, e.g. social acceptability, ecological sustainability and respect for human rights.

The degree to which companies can be seen as moral actors depends on a number of different factors. The freedom of action granted to a company's employees by its governance structure (including sanctions-based control mechanisms and incentives) plays the key role here, because this structure defines accepted modes of action and ultimately also the corporate culture. It also creates predictability and trust within and outside the company. Nevertheless, there is also empowerment and decision-making authority that increases with every level of the hierarchy; this again provides the possibility to take personal responsibility and act according to own moral insight. Only in organizations where people are free to decide between several options for action within the sphere of their professional duties and legal and legitimate boundaries can individuals be held accountable. If individual freedom of action does not exist or is minimal, the corporate governance structure is subject to ethical analysis.

The most important elements of modern integrity and compliance management based on principles and values (in the sense of the »incorporation of moral values and rules in precisely defined regimes of control within and between companies for specific transactions«[17]) are the nature of the organizational structure and the management principles of the organization, the quality of the personal codes of action and behavior, as well as the corporate guidelines for responsible conduct in morally sensitive, incentive-related areas. It is especially important for their quality and relevance of application that these standards are worded in comprehensible language that is free of legalese. Fully integrated systems of targets and incentives, as well as training in the proper application of corporate standards and consistent decision-making processes are of particular importance for an integrity management program. Finally, monitoring, reporting, an ombudsperson and audits are part of the package for the establishment, promotion and life of an ethical corporate culture.

With the aid of these tools, those behaviors that are regarded in the company as legitimate can be filtered out of the infinite number of theoretically possible behaviors and set forth in a set of rules.[18] Today, the recommendations for institutionalizing integrity und compliance in corporations, as laid down in Chapter 8 of the US Federal Sentencing Guidelines, are regarded as state of the art.[19] To offer coherent incentives, bonus and promotion systems, it is important to enrich performance goals and appraisal criteria with ethical aspects. Analysis of many corporate scandals (not least in the most recent financial crisis) indicates that structural factors such as inappropriate incentive systems and other systemic driving forces, as well as the neglect of context factors, exert enormous pressure on employees in companies so that they may disregard moral norms.[20] Under such circumstances, simply pointing the finger at the misconduct of individual actors would not do justice to the problem, because corrections built on this analysis would leave the actual, systemic factors unresolved.

However, a company's governance structure and the various elements of governance do not just appear out of the blue. Guidelines, codes of conduct and organizational and management structures are the outcome of reflection in terms of their importance by *people*, who unequivocally define and formulate their content and ultimately implement them in day-to-day practice. The personal constellation of values, i.e. the ideals, evaluation standards, assessment criteria and also the norms of the most senior managers define the moral resilience of a company's governance. In other words, they specify behavioral preferences and boundaries that are applicable in business. Value based management, however, does cost money (e.g. for due diligence programs, qualifications and further training, social contributions or preferential prices for low-income groups) and needs *added investments* (e.g. in environmental protection), without being immediately compensated by a directly measurable return. Even a return on ethical investment of a non-monetary nature, such as public recognition by politicians, the media or representatives of civil society, does hardly ever materialize for »good« corporations.[21] In my opinion, public perception of large international companies tends to be negatively biased and stereotyped.[22] Under these circumstances, the ethical quality of actions by the institutional actor we call a »company«, i.e. its willingness and ability to implement moral norms in day-to-day business operations, depends almost exclusively on the value-based decision and determination of the top-management.

To avoid the »wheel« having to be constantly reinvented, use should be made not only of the knowledge on business ethics and models of corporate responsibility that exists in the pertinent literature, but also of the numerous examples of good practice that can be found on the internet. However, they should only be used as an impetus to reflect on one's own specific needs. Generic concepts can always only serve as a guide. Even the essential pillars of the *General Declaration towards a Global Business Ethos*, non-violence and respect for life, justice and solidarity, truthfulness and tolerance, as well as mutual respect and partnership need to be »translated« into what they should mean in everyday business life.

The 10 principles of the UN Global Compact (UNGC) — which represents the corporate responsibility concept most widely accepted internationally — can also have very different specificities in practice depending on the priorities of the management. Management responsibility begins with asking the »right« questions — in this case for example: what is our role in society? How are the UNGC principles translated into internal guidelines for employees? What specific imperatives to act or desist from action result from these principles? How narrowly or broadly do we define key terms such as »sphere of influence«? What specific consequences do the two human rights principles have for business policy? How can we implement our normative convictions into practical business actions? Ultimately, these and many other questions must not only be asked, but also answered by the top management of a company. The people working there do this not only as a consequence of their specialist knowledge and their material skills, but also in light of their value-based premises, their social conscience, their social skills and their moral creativeness, which also empowers them to think »outside the box«.

And this brings us to the individual and his or her »ethical musicality«.

People in companies are the essential moral actors

No company acts only as an abstract legal institution, but always through the many different people working at different levels of the hierarchy. This is the reason why social systems such as companies per se can only be moral or immoral to a limited extent: morality — or lack of morality — is introduced to a social system by the people, their values and level of integrity. Companies are only subject to normative controls by real people. Needless to say, every kind of organization develops its own institutional life and its specific culture—and of course this means that inherent in every decision within an institution is an important element of heteronomy that arises from the specified institutional context, e.g. the corporate culture and the resulting management behavior. The corporate culture impacts on the individual actors. But this does not lessen their responsibility—they play an essential part in helping to shape this culture; they define the legitimate scope of action in management committees. The ultimate decision on a specific action or omission is always an individual moral decision. Thus the *people*—regardless of institutional setting—have to be held responsible as moral actors. The extent to which this responsibility can be met without moral heroism in a morally insensitive setting depends on the quality of the governance elements mentioned above.

Needless to say, this does not »only« apply to members of top management by any means. Employees at all levels of a company have specialist knowledge, professional experience and social skills. They themselves are thus also under an obligation to take responsibility for the people affected by their decisions and for the achievement of the corporate objectives. From an ethical perspective they also have an obligation to stand up for their moral convictions. There is very little evidence of purely a »just following orders« mentality within companies.[23] Barbara Kellerman provides compelling arguments that an exclusive focus on established superiors neglects the fact that »followers« have a significant impact on corporate culture and can influence leadership »from below«.[24]

Anyone who wants to exert moral influence can do this and is therefore in a position to raise the ethical quality of group decisions.[25] Of course, it is easier for individuals to claim morally justified actions as they are encouraged by the internal governance systems. But as a rule, individual possibilities of contradicting moral impositions are considerable, without having to suffer unacceptable personal pressure. In most cases, then, it remains possible for people *to behave differently* than a thoughtless *cosi fan tutte* »culture« might suggest — in most cases, the reference to »systemic constraints« is most likely a self-imposed »constraint of the mind«.

Management elites in all institutions, however, always have a particular responsibility — also in companies. The particular responsibility in companies consists of value creation and profitability while doing business with integrity. By virtue of their authority, however, the members of top management in particular have a decisive, non-delegable influence on the values structure and moral culture of the company.[26] The members of top management set and communicate the right »tone« and inspire others as a role model for good personal and corporate conduct. They send out signals — for example by signing the *General Declaration towards a Global Business Ethos* — both within and outside the company to show that ethical concerns are important and that they are concerned with things that go beyond the day-to-day routine and are of importance beyond the economic sphere. As a result, management elites have immense influence on the creation of a coherent »moral community« — this is true in the widest variety of cultures.[27] In this regard, the executive committees and their chairpersons have a major responsibility.[28]

The members of top management also play the central role in matters of corporate responsibility, because they have the task of introducing morally sensitive governance structures to set up the collective actor we call the »company« in such a way that individuals can act morally — precisely when they are under time pressure and face limited resources, moral dilemmas and high levels of uncertainty — without possibly having to become

»tragic« moral heroes. They meet this responsibility by deciding whether

- the *corporate purpose* and *mission* are holistically defined, i.e. comprise more than just the business sphere;
- the *codes of conduct*, which make it clear what values the employees should live by when they go about their work, cover all relevant fields of action in their content and use a wording that is unequivocal and capable of being practiced;
- the *corporate guidelines* for activities in sensitive areas likewise cover all relevant fields of action and are worded in such a way that compliance with the guidelines can be unequivocally measured;
- *objectives* and *performance appraisal processes* cover not only business-specific, scientific and technical criteria, but also ethical criteria; *everything* that *is defined as legitimate activity* is also implemented in day-to-day business using the known tools of *compliance management*.[29]

With the decisions taken as a result, they define the identity of »their« company as moral actor and the moral nature of the processes in the company's day-to-day life. Of particular importance in times of globalization is the company's sensitivity to the difference between national legality in a particular country and what is perceived as legitimate in most modern societies. Discrepancies of this kind have been—and are repeatedly—cause for reputation-damaging criticism of companies. Filling the space between legality and legitimacy in a constructive way is one of the most important tasks of ethical management.

The credibility of these governance elements, of the top management and the whole company depends on whether the words are also followed by corresponding actions. Inconsistencies between value statements and actual deeds have fatal consequences on the morale, the satisfaction and motivation of the staff.[30] The balance of the last few years shows dozens of examples in which discrepancies between the »talk« and the »walk« and also the ignoring of brilliantly formulated internal guidelines and control processes led not only to widespread cynicism, but ultimately also to the bankruptcy of once highly respected companies. Exemplary management behavior consists not only in defining and communicating the structure of the basic values and creating appropriate tools with which they can be implemented in practice, but also in setting an example through one's own coherent and consistent actions. Where managers succeed in creating an atmosphere of trust, employees are able to speak about ethical problems and dilemmas and make suggestions to resolve them. This can substantially reduce whistleblowing.[31]

The proposition to entrust only »good« people with management responsibility sounds sensible, but does not get us much further in practice. I assume that the Gaussian distribution of people in companies does not differ essentially from that of individuals who work elsewhere, and that people normally join a company long after their primary and secondary socialization. We will find a few »saints« and »geniuses« at one end of the normal distribution curve and a few »rogues« and »idiots« at the other end and — in between — those »average people« who shape our society. It is therefore also part of good governance to expect »the average defects of people«, as Max Weber puts it in his essay »Politics as vocation«.[32]

The only possibility of making a »top company« out of an ethically »average company« lies in developing the management personnel, the selection criteria and the promotion practices in such a way that as large a number of managers as possible are recruited from the right end of the normal distribution curve. The requirements that people entrusted with important positions should fulfill have been known for more than 2,500 years and can be found in many classical texts. They should be personalities of integrity and not simply specialists in their own field, people who stand out from the »average person« in terms of numerous characteristics:

- Intelligence, trustworthiness, humaneness, courage and perseverance;[33]
- A wise sense of reason, justice, honesty, courage and prudence;[34]
- Passion for the cause, a sense of responsibility for the consequences of their own actions in the interest of the matter in hand and also a sense of proportion in the sense of the ability to consider realities as they are, while retaining inner calm and composure, and to preserve the necessary distance to things and people;[35]
- Mindfulness with regard to the concerns of those affected by decisions, fairness, social skills, civil courage, ability to learn and the ability to change one's mind when deeper understanding leads to better insights[36] — perhaps also charisma in the sense of Augustine, who maintained that what you seek to inflame in others must burn inside you;
- Amongst the many »transactional flaws« that Marshall Goldsmith was confronted with in his long professional career as a coach of top managers was »not listening« (described as »the most passive-aggressive form of disrespect for colleagues«)[37]. »Not listening« in combination with »punishing the messenger« and »passing the buck« keeps important information and critical feedback away from leaders — a fact that results in »blind spots« about crucial incidents in their social environment, and finally also
- Moral imagination, i.e. the ability also to view situations from a completely different perspective, strength of character to avoid the »group think« phenomenon[38] and to re-evaluate

things, even if the customary anecdotal »evidence« in the company (»we've always done it that way«, »what's that got to do with us?«) appears to suggest routine procedures.[39]

It is the values of the management elite that determine how the company and its role in the social setting are defined; it is the value-based premises and personal virtues of the managers that determine the selection of those options for action which are regarded as legitimate and insist on them being put into practice. It is the personal and personnel-specific value-based thinking that determines what approach, selection and criteria of assessment are given preference when faced with problems that need to be resolved and what is considered to be important, desirable, good or bad. From my practical experience stretching back over 30 years, the personal value-based premises of top management, the social awareness and the civil courage also to stand up for one's own convictions in face of a »head wind« were the most important determinants for the ethical quality of a company. This makes the personnel-specific virtues of managers and the whole workforce the most important resources and competencies of a company—along with its specialist knowledge. Since there are no ethical questions in companies that do not at the same time also imply present or future restrictions on business activity, top management also has to strike the right balance and make sure it becomes established, as far as possible without friction, through interaction with its stakeholders. Of course, managers with these »ideal« qualities must still be able to achieve the kind of profits that are customary in the industry concerned, to develop strategic visions, to act innovatively and adapt to changes, to take decisions and make sure they are acted on and thus to meet the company targets that have been set.[40] Successful work at the top of a company has become considerably more complex with globalization.

C. K. Prahalad reminds managers that they are »… the custodians of society's most powerful institutions« and that they therefore must »… hold themselves to a higher standard. Managers must achieve success with responsibility.«[41] He has recommended his students since 1977 to reflect on a number of remarks »intended to serve as a spur for people to reexamine their values before they plunge into their daily work routines«, such as

- Humility in success and courage in failure are hallmarks of a good leader;
- Learn to relate to those who are less fortunate. Good leaders are inclusive, even though that isn't easy;
- Assume responsibility for outcomes as well as for the processes and people you work with;
- Expect to be judged by what you do and how well you do it—not by what you say you want to do. However, the bias toward action must be balanced with empathy and caring for other people;
- Be concerned about the problems of the poor and the disabled, accept human weakness, laugh at yourself—and avoid the temptation to play God.
- Prahalad's message is, by the way, also an occasion to apply a differentiating judgment on »management schools« and the message they focus on.

Anyone can find out what kind of »stuff« they are made of, those management personalities who steer their companies in a responsible and legitimate way within ethically considered guardrails. But where and how do we find the »ideal type« in real life to fill all those positions in which management responsibility, also of an ethical nature, actually has to be taken? It would seem to be easier to describe than to develop the »ideal type« in the reality of corporate life and then to hoist this type into the right position. The following institutional measures can help to ensure that the selection and development processes (management development) of companies are better adjusted in terms of non-economic requirements.

Normatively »enriched« content of objectives, performance appraisal criteria and incentive systems

In most companies, regular appraisals are held to evaluate the performance of employees. Line managers and their direct reports have an opportunity in these meetings to talk calmly and openly about the achievement or non-achievement of set targets, the quality of the work and all aspects related to work. Targets, performance appraisals and incentive systems are management tools and offer not only the opportunity to talk openly about mutual expectations and anything that might need correction, but also the rational basis for bonus allocations, changes in salary and ultimately also possible promotions. Holistically conceived systems of targets, performance appraisals and incentives also contain normative questions. Instruments of this kind have an influence on the motivation of employees to do or not do certain things; they are therefore very important for employees and companies.

Where companies do not include normative criteria in the content of their objectives, the criteria of assessment and the incentive systems, it would be naive to believe that a great deal of importance is attributed in practice to the ethical dimension of the performance portfolio. People usually make an effort to follow rules, especially where they may lead to better results and personal advantages. In the course of their careers, managers are generally tested for their capabilities in various areas of responsibility. Their income and their further career crucially hinge on *short-term* visible results. *Exclusive* management by quantified economic targets carries the risk of social, ecological or other options for action being neglected in order to meet ambitious short-term business targets.

It is human nature to consider »short and close interests«, as Hans Jonas put it, more important than »long-term and remote obligations«.[42] With incentive and appraisal systems that are insufficiently broad in their conception because they neglect moral aspects, there is a temptation to give priority routinely to what is useful in the short term over what is necessary in the long term, and in ethically ambivalent situations (if they are recognized as such) in favor of one's own financial or career-oriented advantage.[43] If this is the case, investments on which the performance and also the social and ecological acceptability of the company depend in the long term are either not made or are postponed, because they generate costs in the short term and (viewed superficially) have a negative impact on the balance sheet. The current debate on long-term elements of remuneration, which was triggered by the financial crisis, also merits considerable attention from this perspective.[44]

Where moral conduct and intentions are regarded as a company resource — and not as a restriction in a market environment that neglects morals — upright customs and practices lose their potential irritant nature and competitive disadvantage. Where a social environment sees the introduction of this resource as positive and is prepared to be discriminating in its judgments on different qualities of corporate action, a positive added value emerges for society and the company.

To promote moral business conduct, not only the conventional business and technical performance criteria should be included, but also ethical criteria. These reflect corporate values in terms of integrity and social responsibility. Virtues such as sincerity, trustworthiness or fairness in cooperation with others should be no less important here than the attainment of quantitative objectives.[45]

It is undisputable that child labor or forced labor and other sorts of indecencies must be unequivocally forbidden in one's own company and among one's suppliers. However, proscribing such obviously unscrupulous activities, or applying negative ethics (the »do no harm« principle), is only *one* aspect of appropriate corporate governance—and the simplest one, because here it only requires intelligence and law abidance. It is more difficult »to do good« in a sustainable and credible way, because this calls for complex action based on discourse ethics, social and emotional skills and also affirmative action—but this is difficult to measure in performance appraisals. Since moral integrity, social awareness and interpersonal mindfulness of corporate conduct cannot usually be measured directly and *in the short term* in monetary units, creativity must be applied to come up with measurement criteria with which behavior can be positively influenced and a balance of interests made achievable.

If a company works with holistic incentives, then not only the objective, but also the path towards achieving it must be assessed. Moral norms—counterfactually to what is regarded as desirable in an ideal situation—also have a broader impact the more consistently their observance is monitored and compliance rewarded or breaches penalized.[46] Companies that lay down a »moral law« which is deemed internally binding through their »rules of play« (codes, guidelines for sensitive areas), incentive systems and sanction mechanisms are (better) able to overcome potential conflicts between financial and moral targets. As the breadth of their impact increases, the general problem of the prisoner dilemma is reduced, as is the need for »moral heroism« within the company on the part of those who a priori exclude immoral activities out of an intrinsic, personal motivation.

One way of avoiding short-term pseudo-success could be to break down performance appraisals into short, medium and long-term components where appropriate and feasible. A comparable principle applies when assessing cost behavior. If employees are only measured by the costs they save, there is a risk that cuts will also be made or investments avoided in those areas where for example cuts are not permissible because of the negative implications for the health of people or an intact environment. In such cases, the short-term economic benefit would have undesirable long-term consequences for humans and the environment, and often also financial damage to the company later on.

If those people who achieve business success by irresponsible or illegitimate ways and means are promoted or financially rewarded because of their good short-term business performance, signals are sent out within the company that render other efforts to increase the moral quality of corporate activity largely useless. Colleagues and employees look closely at who is given promotion and have a good feel for what appears »worthwhile« in career terms. All corporate moral reflections and obligations derived from these ultimately achieve little if the content of targets, performance appraisal criteria and incentive systems in the company are not structured in such a way that morally sober actions are also worthwhile from an egoistic point of view — in short, if it is ensured that the »good« are not the »stupid« ones. The »moral guidance« then no longer takes place (solely) through the reaction of society or the market to the individual conduct of corporate actors, but through internal accord, company incentives and peer pressure to comply with the »rules of play« that are commonly seen as mandatory.

Ethics training as a compulsory institutionalized part of internal and external corporate learning

It may not be quite plain at first glance why, in addition to the job-specific training and continuing education that a company provides, it should also take on the task of training its people in ethics, which everyone would be expected to bring with them from their home and school education. Where and when complaints are to be made about a lack of moral education of people, then the criticism should be directed at an earlier stage in the process — at the family and education system[47] and not at companies. But this would be a too narrow approach and would also not be in line with what we know today.

Large companies that operate in different countries, are highly specialized in numerous fields — and heavily based on the division of labor — are the embodiment of highly fragmented responsibility. It is almost impossible to imagine that a large international company can create and preserve its identity beyond the uniformity of the company logo and the letterhead if not on the basis of shared moral values and norms. The recommendation to companies to reflect on an identity-preserving, moral basis and to pass on accordant values in internal courses is therefore critical.

To the question of whether this effort is also worthwhile, whether the power of moral judgment can be learned at all once primary and secondary socialization have taken place, there is an answer from a prominent philosopher which is not exactly encouraging. Immanuel Kant was known to be rather pessimistic in this regard: »it is not possible to fashion anything completely straight from such crooked wood as Man is made of.«[48] As far as the inclusion of ethics in management development is concerned, there are not only many positive reports[49] but also a few negative ones.[50] The thrust of these is that, however well-intentioned later ethics training might be, it can only have a passing and superficial influence, if any at all.[51]

But this does not have to be the case if this training is approached properly; at all events, there has been a »climate change« in the idea of ethics training in companies. As cited in the introduction, the conventional training model of business schools and internal human resources departments, which were too focused on business skills, are coming in for increasing criticism, because it plainly fails to satisfy the complexity of proper and sustainable corporate conduct. Internal courses can make clear in practical terms which values cannot be traded off in day-to-day business—even if they ostensibly appear to be in conflict with practices that are customary in far-off countries. Holistic management development imparts value-based training, in addition to business expertise, and practices this with case studies in concrete, real life situations.

I agree with Albert Schweitzer's view that all reflections on ethics lead to an elevation and enlivenment of the moral disposition of human beings.[52] The knowledge about widely used ethical perspectives—including e.g. utilitarianism, Kant's categorical imperative, Rawls's justice as fairness approach and others—can help to dispel ethical ignorance and thus enhance the ethical capacity of those being exposed to such education. Learning about such theories and applying them in case studies will also raise the understanding about ethical dilemmas and contradicting ethical argumentation.[53]

Therefore, a minimum of value-based training is useful and necessary. But in my experience, moral awareness should be raised by means of annotated »literature homework« with comments and not by lecturing on various philosophical schools starting with pre-Socratic philosophers. Undoubtedly, reading Kant's »Metaphysics of Morals« is an uplifting experience that triggers a great many thoughts, and certainly the statements made there that »the teachings of morality« are binding for all free humans blessed with practical reason, »regardless of individual inclinations and the advantage which can accrue as a result« are correct. And it is certainly also true that »observing the commandments of reason — especially when this includes wisdom — brings greater advantages on average«.[54] Lectures of this kind, however, have the disadvantage that the correlation with company practice is usually not appreciated by the »students«, because the new knowledge is perceived to be intellectually interesting but disconnected from and thus not relevant to one's own area of responsibility. As a result the aim of sensitization for moral concerns is not achieved.

It may be of help here to combine basic knowledge of ethics with group work on real case studies. In this way, the identification of potential moral problems can be practiced, analysis of the ethical problems (in contradistinction to legal, technical, economic or social problems) can be learned and appropriate decision-making grids can be established.[55] These may be case studies of a constructed general nature, but may also be examples of concrete moral dilemma encountered in real business life.[56] In companies that have »moral codes« in place, it should be made clear with reference to business case studies what »compass« is to be applied in dilemma situations. Also extremely valuable are case studies that analyze and reflect on the wrong decisions of others ex post (e.g. in the context of the Challenger accident[57]) or from the past of one's own company. The mistakes made in one's own company, critically coming to terms with these mistakes and the lessons and conclusions drawn from them should, wherever possible, be the subject of courses held in one's own company. This not only helps to avoid a repetition of such mistakes, but also enhances the credibility of the efforts made. Equally well suited are case studies with corporate decision situations which resemble the prisoner dilemma.[58] Finally, case studies in which an morally high-risk corporate decision is broken down into many individual decisions provide an opportunity to show that the moral quality of each specific individual step gives no cause for concern, but when added together can be a problem.

A publication that is as hugely topical as ever is the »veterans article« by Saul Gellerman; in terms of its content, it can be applied to any company and analyzed for the corresponding consequences. Gellermann explored the question as to why »good« managers make »bad« ethical decisions — decisions which ultimately have also been associated with enormous disadvantages for the companies concerned, and in some cases with their ruin.[59] Gellerman's results show that it is predominantly four perceptions of reality that lead managers to stray from the path of virtue:

- »A belief that the activity is within reasonable ethical and legal limits — that is, that it is not »really« illegal or immoral«.
- »A belief that the activity is in the individual's or the corporation's best interests — that the individual would somehow be expected to undertake the activity«.[60]
- »A belief that the activity is »safe« because it will never be found out or publicized; the classic crime-and-punishment issue of discovery«.
- »A belief that because the activity helps the company the company will condone it and even protect the person who engages in it«.

In practice, the behavior which is »just about still« acceptable or where the borderline lies between »clever« and immoral action is often not found out until the borderline has been crossed and the mistake made. Yet in most cases, three simple questions to the managers concerned would be enough to alert them to potential or actual moral problems: can you plausibly explain your decision to your family or good friends without any effort or cosmetic adjustments? Would you feel comfortable if a news magazine in the press or television reported openly about your decision and its background and impact? Could you also accept the decision taken by you as fair and appropriate if it were taken by your boss and you yourself were affected by it? If the person asked starts to ponder, then in all likelihood this is a sign of moral hazard.

With regard to the second set of problems highlighted by Gellerman, there are likely to be concrete experiences in any company from which one's own employees can learn. Gellerman's experience in this regard is the »sad truth« that a lot of short-lived »stars« are promoted before an unfortunate successor has to carry the can for the problems created — making it doubly unfair. Unusually good results that cannot be explained under the existing conditions should therefore always be checked for the circumstances behind their achievement.

As regards the third problem area identified by Gellerman, it has to be said that actually there is always some immoral behavior somewhere that goes undetected. What is perceived to have a low likelihood of detection while offering the possibility of substantial personal advantage could be a great temptation for a normal mortal. Finally, by processing case studies it is also possible to rectify the belief that the immoral activity concerned is helping the company and that the company would therefore discreetly look the other way or even protect the person behaving immorally. In case studies (and of course all the more in everyday company practice) it should be made clear that loyalty to the company stops at the point where laws are broken and rights of others are violated.

Another element to be named here is discussed by many observers with ambivalent feelings:

Integrity assessments — expanding the hiring model

The statement by Max Frisch that »we called for workforce and got people« applies equally to companies that hire managers from »outside«. Companies hire them because of their actual (or presumed) achievement records — but also get specific personalities into the bargain, with all their characteristics, values and behavioral preferences. In other words, they look for specific qualifications and end up with a whole »package« of undesirable personality features. It is clear that intelligence as a cognitive faculty based on the combination of talent, knowledge, the ability to understand, to rationally apply what is understood and to act reasonably does not exclude moral incompetence. It is also clear that intelligence in combination with lack of morality can wreak enormous damage — this damage is all the greater, the higher up such personalities are in the company hierarchy.[61] This begs the question whether the morality of people can be measured by tests.

Indeed, various institutes offer tests to »screen« potential candidates and gain an insight on candidates' »moral characteristics«.[62]

For the normal Central European, the idea of such a »character test« initially gives rise to an uneasy feeling: who is testing what aspects of my character with what legitimacy and according to what standards? Is it a new form of inquisition? Are the most private things such as one's own morality anything at all to do with the employer — or does even the attempt to bring such things into the (albeit limited) public eye not itself smack of immorality, because it is an invasion of privacy?

The fact is that integrity tests in practice are not very popular either with companies or with other organizations. Many bodies that are responsible for the final selection of top managers shy away from formal assessments of values and character as a part of their screening criteria. One of the main reasons lies in the fact that good candidates could see this as demeaning and be deterred from submitting an application.[63] Other reasons include uneasy feelings in handling this subject.[64] The problems with integrity assessments are manifold:[65]

- Desirable and therefore sought-after qualities, such as »moral competence«, »sensitivity to ethical and social concerns« or »integrity« in general, are high up on the wish lists for job applicants or candidates for promotion[66] — but they are difficult to measure and verify;
- Evaluations on whether the value-based attitudes to be measured are actually »lived« and not just demonstrated in well-prepared scenarios would require different evaluators, differing assessment methods and their application in different situations — but that would be a protracted process that many qualified top managers would not be prepared to get involved in;
- There is also a risk that the specific value-based premises of the various jurors would make for a certain inconsistency — especially in an intercultural context.[67]
- Social skills cannot be measured in tests, but only developed in collaboration with others and in concrete situations.

Although there are also many indications suggesting the usefulness of such tests[68], the prevailing overall feeling remains one of caution rather than enthusiasm. The in-house »test« is therefore preferred over a lengthy period and under real conditions:

Minimum intervals between promotions to positions of higher responsibility

As mentioned earlier, the people we realistically have to do with in all societies, everywhere in the world and in all (political, economic and other) institutions are »average people« as regards all their characteristics and personal features. Filtering and selection processes are therefore needed to fill management positions with people who come close to what has been described as the ideal—and these processes need time. People are able to »simulate« or »play-act« and can fake characteristics and personality features from which they hope to gain advantage. This may deceive even sensitized observers in the short term. But over a longer period, in different situations and under constraints of time and resources, the »true« character and the »genuine« personality will always be revealed—ethically reflective activity is a process, not a singular event.

If intervals between promotions are too short, this could also be perceived within the company as a sign that one needs to look as good as possible in the short term in order to make a career. In many respects, looking »good« in the short term is also possible using illegitimate means and the problems created as a result may not become apparent until the successor is in place and, in the worst-case scenario, may even be attributed to the successor. The person who really caused the problem then unduely looks even better ex post than he already appeared in the short term—a demotivating problem of fairness.

The problem addressed here arises especially when preference for functions carrying a high level of responsibility is given to external candidates who are »imported« from other institutions. In such cases, not only does the advantage of the long-term view no longer apply, but additional risks arise through the importing of corporate cultural specifics that may not be compatible with those of one's own company.

A further problem — that of the price that may have to be paid by companies for changes in management development practices — should not be ignored: restraint in the alacrity with which people are promoted can result in excellent employees moving to competitor companies that have a less cautious approach to the promotion logic of requiring a certain minimum period of time in a specific position of responsibility.

The fact remains that where a company, through its personnel and promotions policy, secures the services of management personalities with a »post-conventional« level of judgment[69] — i.e. people whose judgment is based not on blind subjugation to existing laws and regulations, but on morally responsible weighing of rights and wrongs — there is a sense of something happening in that company which makes moral failure less likely. This is not wishful thinking; it is backed up by increasing empirical evidence.[70]

Outlook

It is clear that, in view of the marked division of duties, the complexity and the international nature of work in companies, an exclusively individualistic ethic is no longer sufficient to come to grips with the problem of moral responsibility. Corporate conduct is more than individual conduct. But there is no corporate conduct without individual conduct, and companies are thus also only secondary moral actors. The individual is and remains the primary moral actor.

Despite all the economic damage and social stresses, the present financial and economic crisis is a crisis of trust not only in the major economic and regulatory institutions, but even more and above all in the integrity of their management personnel. In addition to the political, financial and risk management-specific causes of the current crisis, there is also a need for the ethical causes to be analyzed: what role did the immoral activity of people in all spheres of society play? How can we encourage and enhance institutionally sustainable norms of behavior to which people conform because they feel personally committed? How can shrewd government, industry and self-regulation instill socially ethical elements into a market logic that is defined in purely economic terms? How do we find the »right« people for positions of responsibility and management in terms of their moral compass, people who know how to strike the right balance between business needs and ethical requirements and strive to achieve this in practice to the best of their knowledge and belief?

In crisis situations, people not only seek retrospective analysis, but also expect guidance and management. For this reason, the intellectual, social, financial and moral elites in particular are required to come up with answers to the questions posed as a result of the crisis-related problems and to point a way out of the crisis: in this situation, managers of the type described here perform their role model function for the social whole. Admitting without emotion to the mistakes made, systemically correcting them in a transparent way and showing hard work and perseverance to make a new start that draws lessons from the crisis. More important, however, than correcting mistakes is to prevent them from happening. Leaders anywhere in society are not »above the law«, there is no justification for ethical relativism.[71] On the contrary: leaders — also in corporations — are held accountable to higher standards.

When the top management of a company strays from the »path of virtue«, cynicism spreads and the trust and loyalty of employees, customers and suppliers are lost — between the perceived integrity of top management and the attitude of employees in this regard there is a strong positive relationship.[72] Further empirically measurable positive impacts of a top management that displays a high degree of morality are greater job satisfaction among employees and greater appeal for above-average talents.[73]

The promotion of a normative corporate culture and normative structuring of management instruments pays off not only in a reduction of transaction costs through confidence building[74], not only in the avoidance of damaged reputations or even fines as a result of activities either perceived as illegitimate or even illegal, and not only in greater security of expectation for customers and stakeholders, but also in a greater appeal for present and potential employees with an affinity for ethical situations. This leads to a positive selection of applicants and ultimately a workforce that supports and enhances an ethically motivated corporate culture. All this suggests that to integrate moral elements into the decision-making process and apply corresponding criteria when selecting managers is also a rational choice from an economic perspective.

The current new thoughtfulness regarding the sense and parameters of sustainable business activity is an opportunity to have another go at the issues of manager ethics and business ethics. The context of the following quotation from Shakespeare may not be exactly a model for ethical activity (Brutus is seeking support for his plan to murder Caesar) — but the message is universally applicable:

There is a tide in the affairs of men,
which taken at the flood, leads on to fortune;
Omitted, all the voyage of their life is bound in shallows
and in miseries.
On such a full sea are we now afloat, and we must take the
current when it serves,
or lose our ventures.[75]

Global Economic Ethic as Transcultural Management

Josef Wieland

1. Introduction

The Manifesto »A Global Economic Ethic — Consequences for Global Businesses« defines global economic operations as a process of competitive exchange and cooperation: an exchange of goods and ideas and cooperation between actors who follow their personal interest to realize mutual gains from cooperation. In this process it is, above all, the willingness and ability to cooperate which determine the attainable level of private success and the level of sustainable social welfare. However, cooperation and a global economy require personal, institutional and organizational foundations, without which there would be neither stability, nor sustainable development. As a matter of fact, globalization is still accompanied by a massive institutional and organizational deficit up to this very day. Globally accepted and enforceable norms and rules of good and legitimate business practices are still in their infancy. There are also too few globally accepted organizations that are able to support the process of developing formal and informal rules of the game for the global economy. I am glad to say that United Nations Global Compact is one of the valuable exceptions.

Sometime, some aspects of the global economic governance remind me of a football world championship, in which the participating players and teams cultivate *different* ideas about fair-play and justice, in which common rules and institutions for their enforcement only *rudimentarily* exist (referees, sports jurisdiction, laws of association, etc.), and in which there is essentially *no sufficiently powerful organizer* such as today's FIFA. We all know that under these conditions it would not be possible to play a decent and successful match of football. And such a tournament could probably not even take place, or would already have to be cancelled during the preliminary rounds. Hobbes' »war of all against all«[1] would run rampant and ruin any form of sportsmanship and performance. And still this scenario might be a little bit overdone, but is not entirely inappropriate as a description of the conditions under which we are currently attempting to develop and stabilize a global capitalism based on cooperation.

Given this situation, a particularly strong significance must be attributed to individual leadership, personal character and virtue ethics. Don't get me wrong: they can't compensate the named deficits, but they can be a resource to start a global dialogue to deal with and finally overcome these deficits. This can only be achieved through the collective action of *all* economic stakeholders, and therefore the manifesto for a global economic ethic addresses not only management and entrepreneurs, but all economic stakeholders, thus investors, creditors, employees, suppliers, agencies, consumers, trade unions, NGOs and so forth bear responsibility for creating a framework for global economic operations together with political institutions.

As a first result I would like to state that preparing for moral leadership and contributing to an emerging global societal order are fundamental consequences of the Manifesto. One of its basic messages is that not only society is a stakeholder of the economy but that businesses are also stakeholders of the society.

2. Basic principle: Humanity

The Manifesto for a global economic ethic is an initiative to develop a dialogue towards globally accepted principles and values of good business behavior.[2] In order to accomplish this, a normative reference point is needed which all human beings, as human beings, have in common — or at least could have in common — and can agree upon because they are already part of global cultural practices and forms of civilization. »Humanity« is the basic moral principle and point of view of the Manifesto which serves as this normative reference point. I would like to stress one aspect which seems to me to be of some importance with regard to a global ethic. All forms of morality and especially virtue ethics have their roots in practical interactions between people and are therefore bound to certain cultural groups and regions. Therefore all morality is based on an emotional feeling of belonging to a group or a specific cultural sphere. What we have not yet developed is a system of ethics for cooperative networks *between* cultures which is based on an emotional feeling of belonging to this network, which means to a global world. The aim to do so is a particularly important aspect of the Manifesto and its focus on humanity.

However, an ethical Manifesto cannot restrict itself to making proposals on the *content* of globally accepted moral norms, rather it must also answer questions about their *reach*.[3] All morality can be broken down into two aspects, namely the aspect of their material content and the question to whom these ethical standards must or should be applied. In face-to-face societies, and to some extent even in nation-states, the second question is answered by territory and the bonds resulting from history and everyday cooperation. However, globalization raises questions about responsibility for others under the condition that there are no longer emotionally easily perceivable community boundaries.

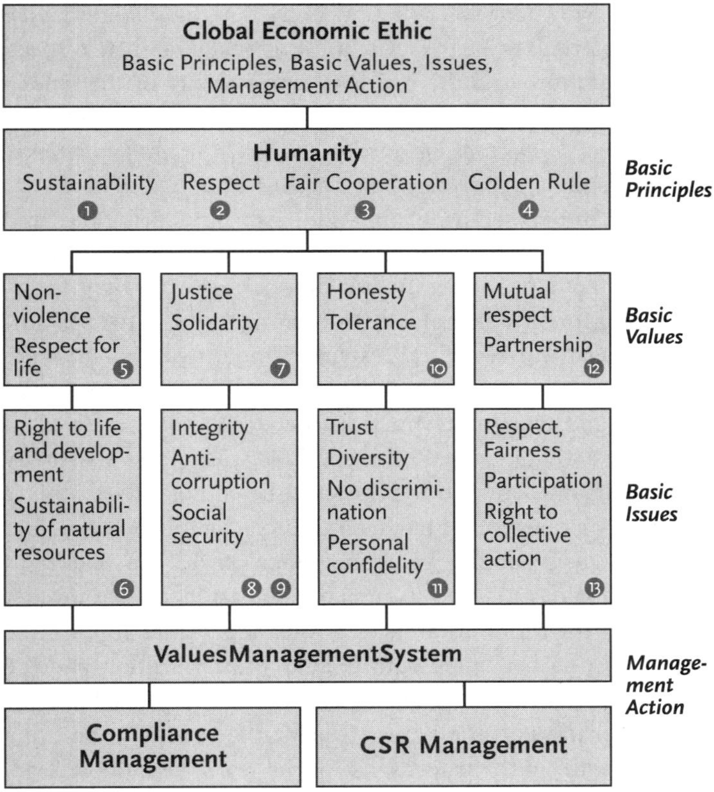

Illustration 1: Principles, Values, Issues and Management Action for a Global Economic Ethic

To act morally is no longer self-evident in this case.[4] The boundaries of morality and the methods of overcoming them therefore must be answered anew in a global world.[5] The answer of the Manifesto lies in *transcultural values*[6] which have been shared by all cultures since ancient times, or which can be shared and which have proven to be indispensable in everyday practical life.[7] The Manifesto initiates not only a dialogue about values but starts with the basic principle of human dignity, humanity, which materializes in the principles of sustainability, respect, fair cooperation, and the universal applicability of the golden rule. These principles are reflected by equally basic values of *non-violence, respect for life, justice, solidarity, honesty, tolerance, mutual respect* and *partnership* (see illustration 1).

From the perspective of the Manifesto these principles and values define the fundamental responsibilities and demands for economic activities. They include, for example, the right to development for all stakeholders, the commitment to the sustainable management of natural resources, integrity in business life and efforts to create a social security system, the appreciation of diversity and trustful interactions between those involved in economic activities based on respect, as well as the possibility to take part in economic activities. At the end of the day, this is not merely a question of having a CSR or Compliance program include a sustainability and compliance office. The Manifesto is about a values-driven business model that places certain demands on the moral awareness of business leadership, on the formation of a corporate culture and communication and the process of implementing effective policies and procedures for morally sensitive business areas. The Manifesto asks for an *ethics of governance*[8] in the truest sense of the word: how do we lead, manage and monitor business organizations?

3. The common bond

The management challenge of the Manifesto is to develop a *Transcultural Management System* (TMS). Unlike inter- and multicultural management it does not begin with the ethical difference(s) between nations and/or cultural regions, rather with the declaration that all human cultures have common collective ethical values and experiences.[9] The recognition of differences and tolerance as a form of behavior towards others are necessarily the elementary objectives of inter- or multi-cultural diversity management. The transcultural approach of the Manifesto accepts and supports these goals, but also — and moreover — strives to develop a management culture which embodies jointly developed transcultural virtues, and these transcultural virtues form *a common bond* through all culture differences. In my view, the Manifesto is not about exporting or creating a uniform global economic culture and overcoming diversity. On the contrary, it is instead aimed at linking national cultures, professional cultures, entrepreneurial cultures and individual cultures into a network of diversity, which is governed by a tie of common and shared principles and values.

Transcultural management is a continual learning process for individuals and organizations which occurs in everyday business

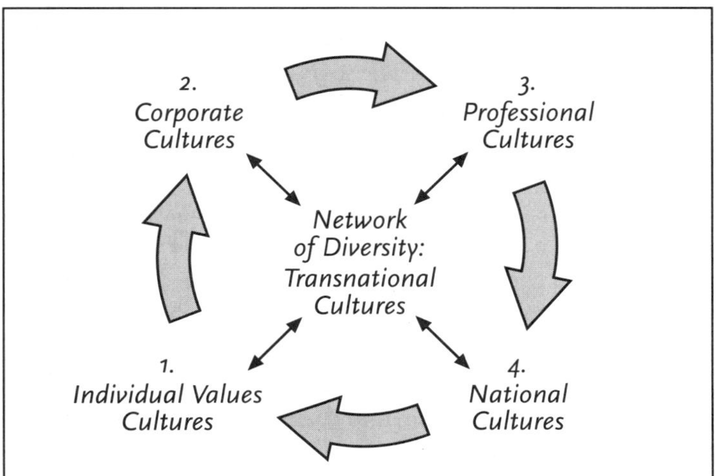

Illustration 2: Transnational Culture: A Network of Diversity

conduct. Management education, be it in management schools or in firm specific continuous learning programs, will play a crucial role in making the Manifesto a living document.

I have already pointed out that the effectiveness of values depends on an emotional reference to a social community. As for the transcultural values of the globalized world, that means that they can only be further developed if the dominant feeling about globalization is not fear and rejection. Globalization must be seen, felt and accepted as a positive way of life. We live in different worlds, but after all we do live in *one* world. Adding a positive connotation to this is a third idea that the Manifesto puts forward. At business organization level, this means integrating transculturality into the management of diversity.

4. Manage values on a transcultural level

Philosophy and business ethics distinguish between individual, organizational and institutional ethics. I have already emphasized that the Manifesto is oriented towards a transcultural virtue ethics, because the creation of a global ethical order depends to some extent on individual commitments and the examples set by all involved stakeholders. But virtue ethics must be embedded in a governance structure and so in a Corporate Governance[10], which provide *incentives* to follow the individual notions of virtue and which *support* individual actors in doing so. Such systems are Values Management Systems (VMS) which represent a four-step procedure[11]; see the following illustration.

In the first step, it is fundamental to define the ethical principles and values which are to guide behavior within and between firms and their stakeholders. Values are important because they give orientation for decision-making, shape the moral perception and help to build up a moral identity of individuals and organi-

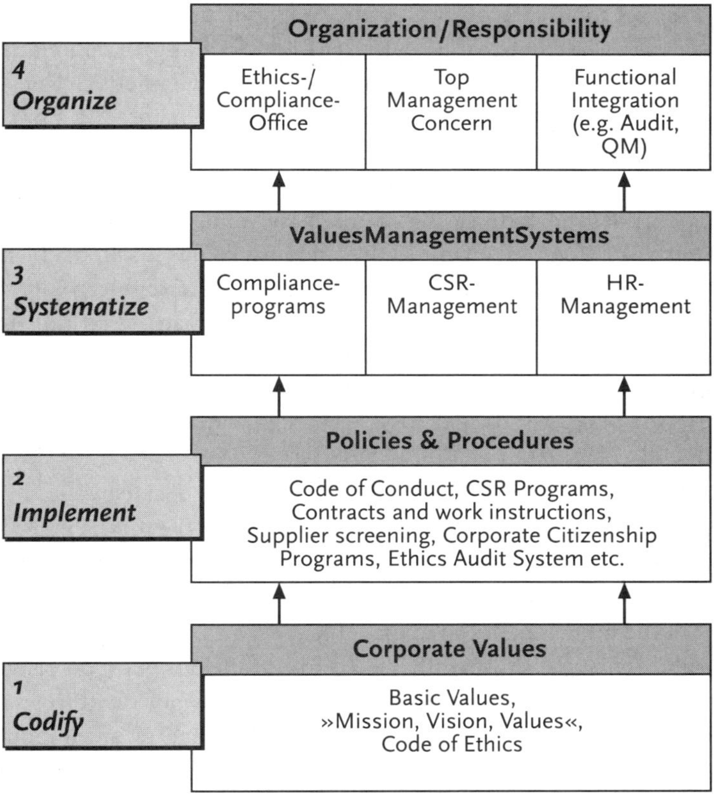

Illustration 3: The four steps of the ValuesManagementSystem

zations. Therefore it makes a fundamental difference by which principles and values global economic transactions are guided. The Manifesto itself proposes the clear principle of humanity which bases management activities on sustainability, respect, fairness, and mutual cooperation. One important goal of these four values is to check opportunistic behavior which is aimed at increasing one's own utility at the expense of others and confuses personal interest with egoism. Opportunism undermines and destroys cooperation. »Be ready and willing to cooperate with others« — this appears to me to be the fundamental ethical concern of the Manifesto which must be implemented in a professional Values Management System.

As a rule, a Values Management System (VMS) operates to the extent that the codification of company values (Code of Ethics, step 1 of a VMS) determines the standard values for all detailed regulations to be implemented (Step 2, Code of Conduct, Norms of social responsibility). They are then systematized by means of instruments, communication and reviews (Guidelines, Training, etc., steps 3 and 4 of a VMS). Finally, an appropriate and responsible organizational structure enables the coordination of the processes (step 4 of the VMS).

Management as a role model is absolutely decisive. The frequently evoked »tone at the top« or »tone from the top« is indeed important and a success factor which can not be overestimated; as Klaus M. Leisinger has emphasized in his article too:

»The members of top management set and communicate the right ›tone‹ and inspire others as a role model for good personal and corporate conduct. They send out signals both within and outside the company to show that ethical concerns are important and that they are concerned with things that go beyond the day-to-day routine and are of importance beyond the economic sphere. As a result, management elites have immense influence on the creation of a coherent ›moral community‹ — this, by the way is true in the widest variety of cultures.«[12]

Illustration 4 demonstrates how transcultural values influence organizational behavior.

Illustration 4: Transcultural Values Management: Compliance Management, Corporate Social Responsibility (CSR) Management and HR-Management

5. Universalism, Relativism and Moral Practice

The philosophical discussion on globally accepted values and thus applicable moral principles and values occasionally gives the impression that we must decide between value universalism and value relativism.[13]

Value relativism would describe, for example, a company policy practiced abroad that is adapted to the prevailing customs there with reference to guest status. In a series of everyday business issues, for example promotions, the adoption of local notions of justice and morality is certainly not problematic. In our example, this applies to the superiority of the value »seniority« over the value »performance«. The disregard of human rights, political oppression, discrimination and miserable social standards do not fall under this category, because they enormously damage our own notions and practical experiences with regard to the conditions for a good life[14]. However, a contradiction in the European philosophical tradition comes to bear here, as val-

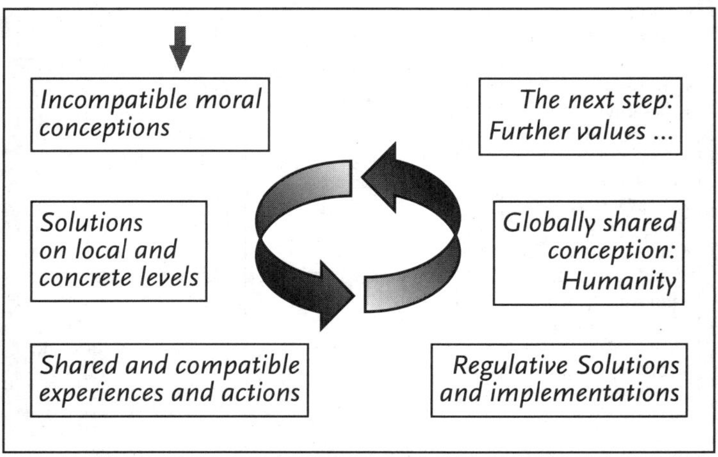

Illustration 5: Global Values Circle

ue pluralism and tolerance are simultaneously a crucial concern of the European enlightenment. In this constellation we only appear to have a selection between opportunism driven by economic interests and idealistic tolerance.

Value universalism avoids this constellation because it says that certain moral principles and values are, as a rule, applicable for every person in every country of the world. This notion is also a historical legacy of the West, namely from Christian culture, the enlightenment, and the Declaration of Independence of the United States of America. This widely ramified discussion on human rights, which continually leads to conflict, is also fuelled by this fact. The questions frequently raised in debates concerning why cooperation for economic objectives should be made dependent on the acceptance of western moral concepts and where exactly the boundaries lie are not easy to answer. The problem associated with value universalism is the danger of a value imperialism, which transforms human rights, for example, into an embattled political concept, whose goal is no longer solely the implementation of these rights, but rather the containment and damnification of deviating political concepts. The European legacy of tolerance and universalism can indeed also easily lead to inherent conflicts.

However, I believe that the frequently discussed contrast between the relativism and universalism of values only describes the challenges of global value management in a very distorted and unproductive manner. The contradictions between economic, political and moral values in terms of their application have not existed only since the onset of globalization, rather they have always been immanent to every ethical discussion. As I have already indicated above, what is new and different in global economies, is the lacking shared experience of advantage or the rejectability of certain moral values. Social notions of ethics and morality are not a product of philosophy faculties and professors; rather they emerge from human interactions, which first offer the point of reference for ethical thought and reflection. This »moral gap«, thus the lacking shared experience and hence also the lacking emotional reference, cannot simply be skipped over with however justified decisions for relativistic or universalistic practices. Instead it is a matter of creating institutional and organizational mechanisms that induce a joint moral learning process and thus serve to elaborate potentially common moral notions of fair and just business models and management practice. One of the goals of the Manifesto is to define a starting point precisely for this. The logic of the arguments developed here follows a model of the »Global Values Circle«, which I developed a few years ago[15] and which I wish to explain here once again in a modified form.

The Manifesto defines the values which have pertained to, and still pertain to, all human cultures, because they are the constitutive requirement for successful human cooperation and civilization. The application of these values in everyday practice (the economy in this context) leads to local concepts of morality, which may be incompatible with other local concepts of morality. Shared respect for life and the rejection of violence can indeed result in different assessments of child labor, because child labor in turn is dependent on socially framed concepts of childhood, i.e. what defines childhood. How long does this life phase last? Is this phase characterized by large investments by parents or by the child's contribution to family income? The same could be shown, for example, for the right to work, notions of fair working conditions and human rights. Obviously, local ethical understandings of certain values are framed by the history in which they have emerged from, and precisely this leads to their regional and thus global incompatibility. Therefore, the Global Values Circle begins with this incompatibility and then moves towards compatible and complementary concepts of morality. The compatibility and complementarity of these notions have by no means always been inherent and therefore unchangeable, rather are the result of the successfully shared application of moral principles and convictions. This leads to shared and therefore compatible experiences, which can then be codified, for example in global standards for the social responsibility of corporations. These standards can lead to a private, public-private or public ordering, which in turn constitutes a new starting point for discussions on a global moral understanding of humanity. This stimulates a continuous joint learning process, whose starting point and destination can be found in human interactions—just like the values of the Manifesto.

6. Conclusion

To conclude I would like to once again briefly summarize four particular characteristics of the Manifesto.

First: The Manifesto aims for a multi-stakeholder network. All economic stakeholders bear responsibility and they share the moral dilemmas of a global economy.

Second: The Manifesto is aimed at the development of a cooperative network between cultures, which is governed by common principles and values that are shared in everyday business practice. This network of diversity accepts differences, but links them with a bond of shared ethical standards. Precisely this makes the Manifesto a document of transcultural virtue ethics.

Third: The Manifesto defines the principles and values of individual virtue ethics, which must be reflected in the character and attitude of leading economic stakeholders. However, since these principles and values are derived from shared practical economic and social experiences, they must also be reflected in the *management system*, which should provide incentives and support for the realization of moral demands in everyday business.

Fourth: Such management systems are Values Management Systems (VMS) and *Transcultural Management Systems* (TMS) which feed the principles and fundamental values of the Manifesto into everyday business life. They do so by structuring the leadership culture, the individual leadership style, the corporate and business culture, and the way and means of communication, the tone from and at the top. This in turn provides the basis for organizing all values-sensitive areas of a business with ethically oriented policies and procedures.

Fifth: The development of globally accepted and transcultural norms of good business behavior sets the priority on *common experience and action*. These will create a common understanding to overcome the dilemmas of universalistic and relativistic concepts of values.

How can we manage values? Practical Guidelines

Josef Wieland

I. Values Management — a contradiction in itself?

The Manifesto for a »Global Economic Ethic — Consequences for Global Businesses« defines the principles and values that are shared by all civilized human cultures. It is the responsibility of businesses, and in particular their top management, to put them into practice in everyday business operations. To confront this task, the term »values management« has been established. The logic behind the concept will be explained in the following.[1]

Values are part of the ethical culture of every society. They are an expression of what is esteemed within a society. At the same time they set standards for decisions and actions. Values such as honesty and truthfulness, openness and integrity therefore have three aspects. They express which characteristics societal actors, thus humans and organizations, should have and what they should strive for in their actions and they form their moral perception. The shaping of identity, perception and the orientation of actions are the very aspects of values which provided the foundations and the basic focus of values management in businesses. However, are ethics at all possible in the highly competitive economy in which firms operate? Aren't ethics and the economy not only incompatible, but also a zero-sum game? Is it not the case that all economic progress is at the expense of ethics and, conversely, that all ethical progress is at the expense of economic productivity? At a personal level: aren't ethical values a career obstacle? Such questions are frequently raised when it comes to the issue of »values management« — and economic practitioners frequently give highly skeptical responses. Everyday business experience is in very many cases at odds with the practical relevance of ethics in the business world. Nevertheless, European societies are clearly aware of the fact that an economy cannot function in the long-term without ethical foundations. Ethical anarchism destroys the economic power of nations.

The insight that sound economic and corporate practices must be based on ethical values and standards is not new. Great corporate entrepreneurs have always understood that their firms must also assume social and ethical responsibilities. Based on political or religious convictions they have literally embodied this ethical dimension in their function as economic leaders. In their daily actions and decisions and in their role-model function they have passed down to following generations these values as a corporate culture. This system of corporate values management, based on role models and paternalism, surely still exists today and there is no doubt about the importance of this leadership factor in the everyday business world. The virtues of individuals, their moral convictions and values are crucial cornerstones of successful values management, but not the only ones. One must also take into account the moral quality of the enterprise as an organization, its processes, incentives and control mechanisms. Without organizational support, individual ethics are very quickly prone to becoming overstrained and impossible to implement.

It is difficult for individuals to reject corruption in the everyday business world, if their careers and incomes are unilaterally based on revenue. Based on this realization, values and ethics management systems have been developed since the late 1980s, which target precisely this interface between individuals and organizations and between employees and businesses. In the USA this development has led to the foundation of the »Ethics and Compliance Officers Association«, which is a professional association of ethics managers whose goal is to operate Ethics Offices in firms.[2] In Germany the Bavarian construction industry (Bayerische Bauindustrie) established its »EthikManagementSystem«, which has played, and still plays, an important forerunner role in this area.[3] In recent years this movement has grown exponentially. There is hardly another branch in which there is not an increasingly wide-spread view that a modern corporate ethics strategy and a value-oriented corporate management are crucial prerequisites for success. Ensuring that values are upheld can be a positive-sum game, when they are an integral part of systematic management. According to old and new insights, those who wish to promote enduring/sustainable value creation must commit themselves to ethical principles and convictions and bring them to bear in everyday business operations. This is also the narrowest definition of values management.

II. Driving forces of values management

At this point it is worthwhile examining the causes and reasons for this new understanding of ethics and business among corporations. Highly significant in this context is the realization that the globalization of markets and the organization of value creation chains by globally operating corporations have raised a whole series of ethically sensitive issues. Even a quick glance at everyday events as portrayed by the media reveals this. Whether a firm pays taxes at all — and where it pays them — is never perceived exclusively as an issue of efficiency in corporate policy, but more of an ethical issue. The same holds for the compensation packages for German top managers, which certainly have to do with the globalization of labor markets, but also raise issues of their appropriateness and justification. Emotionally charged

Factor	Positive effect	Negative effect	Morally sensitive problems
Complexity	• *Utilization of global value chains*	• *Control Integration*	• *Identity* • *Co-opetition* • *Culture-Fit* • *Fraud* • *Corruption* • *Transparency*
Subjectivity	• *Economies of behavior*	• *Management of diversity*	• *Recruitment* • *Career planning* • *Motivation* • *Quality of performance* • *Multi-cultural teams* • *Professional dependency*
Society	• *Utilization of resources*	• *Legitimation*	• *Employment* • *Social Security* • *Environment* • *Corporate Social Responsibility* • *Corporate Citizenship*

Illustration 1: Increasing globalization is resulting in a changed values-related problems

debates on the purported greed of top management, criminal methods and the resulting moral decline in business have come to dominate the contemporary discourse. The reputation and credibility of entire branches or even the economy as a whole appear to be at stake. Looking beyond these everyday political emotions, which generally do not take us very far, it appears that these discussions are about the systematic relationship between the ethics and governance of a firm, thus its values management. Illustration 1 shows a) the increase in the complexity of management decisions, b) a renaissance of subjectivity in economic processes and c) a recently sparked discussion about the role of corporations in society, which are the most significant driving forces for the introduction and implementation of values management systems in corporations.

a) Complexity of management decisions

The increasing complexity of economic decisions is the direct consequence of an extension of value creation chains around the world. After all, globalization means not only global competition in markets, but also simultaneously a capacity for global cooperation between firms and other organizations. Moreover, only those who can survive in a global market are desirable as cooperation partners for global value chains. Only those who are willing and able to cooperate can access innovative knowledge, world-wide distribution channels and organize capital markets, which are all crucial factors for competitiveness in global markets. The economy of the future will be not so much a classical market economy, rather a cooperation-based economy, in which competitiveness and cooperativeness are prerequisites for one another. However, cooperation also has an organizational and individual dimension and this is one of the wide-ranging causes why a modern business cannot do without a system of values management. The advantages which global value creation chains and decentralization can create can thus only be seized by firms when they are simultaneously integrated and controlled—also by means of »soft facts«. Without a strong corporate identity, which is expressed in its values and its entire culture, this is not possible. For corporate policy this not only implies working on the »cultural fit« between different countries and branches, firms and staff members[4], but also generating a behavioral disposition among actors defined as »co-opetition«[5] in American practice. This is the capacity of top managers and employees to live out *cooperation* and *competition* simultaneously. The capacity to engage in »co-opetition« is decisive in an era in which one and the same firm can be a supplier, partner and competitor of another firm, and in which both competition over resources and orders between the units of decentralized firms as well as cooperation within an organization not only ex-

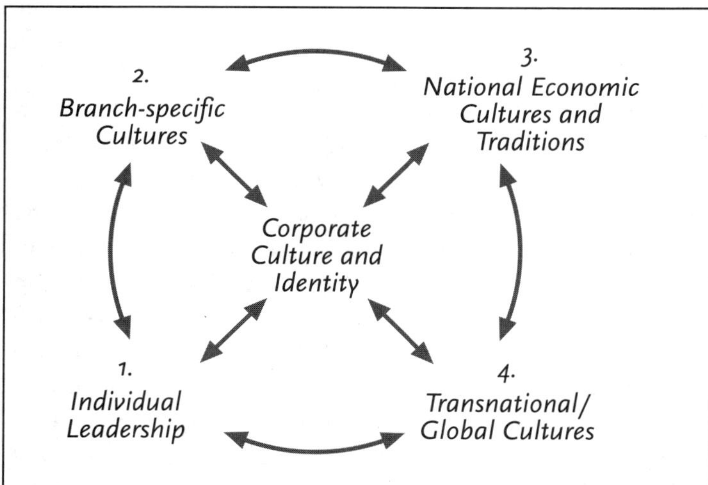

Illustration 2: Values and ethics in corporate culture

clude one another, but are prerequisites for one another. Such a behavioral disposition cannot be ensured without putting into practice values such as fairness, responsibility and compliance with contracts. It is important to understand that the values culture of a firm and its identity, from which it derives, draws on individual value orientations as well as branch-specific and economic cultures. This is a fundamental relationship which is becoming increasingly relevant due to globalization.

Against this background, individual virtues and values, which are enduring human characteristics, directly influence the quality of corporate management. The branch-specific cultures set standards for good management and the respective national economic cultures and link them back to the traditions and ideas on just and fair economic practice, that have developed over many decades or even centuries. These have to face the diversity of global transnational cultures.

The interplay between these four factors also comes to bear in the area of corporate governance. The seemingly endless corporate scandals, regardless of whether in the USA, in Europe or in another part of the globe, have proven that an ideologically charged shareholder value perspective, combined with a corresponding remuneration policy for managers and employees, are precisely the ideal system of incentives for many types of malicious action such as betrayal, fraud, corruption or price agreements. Large and hitherto enduring firms can suddenly be enormously damaged or downright collapse and disappear from the market. It has been shown that non-existing or undesirable values among managing directors or employees can be a survival risk for a firm, if allowed to persist due to an inappropriate corporate culture. The economic scandals of the past years were also a »Waterloo« for management systems in particular, which relied on declarations of compliance and formal monitoring systems and did not attempt to regulate behavior by means of informal steering mechanisms such as values and ethics. Ultimately, the true value of a catalog of fundamental values and a code of conduct — the foundations of every values management system — is not reflected in whether they were signed or not, but rather whether and how they are lived out in practice. Every effective values system of corporate governance is therefore based on formal and informal provisions, which can refer back to either state or private rules.

b) The renaissance of subjectivity

The increase in the subjectivity factor is an astonishing phenomenon in a highly institutionalized and organized economy. Even the »catch-words« of job advertisements reflect this trend: flexibility, responsiveness, entrepreneurship, innovation orientation. The objective is to ensure »economies of behavior«, i.e. competitive advantages through idiosyncratic and, wherever possible, non-imitable skills and resources of individual employees. They are what distinguish a firm from the competition; they are *the* scarce resource in the business world. As for human capital management, this has resulted in attempts at »management of diversity«.[6] This applies to a particularly great extent under the conditions of global value creation chains. When acquiring new employees, it is a matter of developing selection and reward mechanisms, which are based on the necessary sensitivity for the values and ideas of an applicant, branch or national cultural environment. The almost permanent organizational restructuring of enterprises morphs career planning into life planning for employees, whose goal is no longer a position in the company, but rather the ability to maneuver flexibly the labor market. However, at the same time the aim is for them to identify with the firm and its goals and to contribute their individual resources without reservations. Without a strong and credible culture of values the human resources policy of a firm finds itself in confrontation with non-communicable self-contradictions. The loyalty expectations towards the firm go hand in hand with the simultaneous interest of the firm in the most flexible personnel planning possible, including the release of employees. Without a strong and clear corporate culture of values, this cannot be conveyed to the employees. The catch-words motivation, quality of performance, professional dependence of the firm on individual employees, and the integration of transcultural teams at international level also should be put in this context.

c) Social responsibility

Finally, for some time now we have been experiencing a wide social debate about the role of corporations in society. The transition from the traditional social market economy to the global cooperation-based economy has put to the test the entire state-guaranteed social safety net in Germany and many other countries which is based on normal employment status. What businesses and their associations often oversee is the fact that the rightly demanded flexible, differentiated and company-specific solutions have shifted and will continue to shift the problem of their ethical justification from the political system (state framework regulations) and the social partners (interest associations) to the corporations themselves.[7] Therefore we can also anticipate increased complexity in corporate management, which in turn will result in an increasing pressure for ethical legitimacy. The public broadly accepts the argument that firms are indeed exploiting the resources of society, but are serving society less and less. This argument is highly relevant in this context, regardless of its truthfulness. Employment, social security, taxes and the environment are a few catch-words that show that a significant global need for legitimacy has emerged here, which can hardly be met by appealing to the notion of »shareholder value«. After all, the idea of the social contract marks a development, in which the solution for an increasing number of regulatory problems resulting from internationalization and globalization can only be solved by networks consisting of political *and* economic *and* scientific actors. They are the source of increasing policy-making possibilities for corporations, but also the source of the phenomenon that corporations are held responsible nowadays for an array of social problems in their role as »good corporate citizens«.

The efforts at global level to establish minimum standards for corporate social responsibility (CSR) or the appeal of the former General Secretary of the United Nations, Kofi Annan, for a Global Compact, clearly point in this direction. Corporations are expected to accompany their investment and business activities around the globe with efforts to establish ecological and social standards as well as a commitment to human rights and fighting corruption.

If we summarize the developments briefly outlined here, it appears that there are very good reasons rooted in business management and organizational psychology for the comeback of »soft factors« in the economic sphere. The changes in the financial, procurement and consumer markets play an equally important role here as the changes in the legal and societal framework conditions for entrepreneurial decisions.

If we categorize these new types of management tasks so that they correspond with certain fields of activity, it is evident that values management is primarily implemented nowadays in compliance management, HR management and CSR management, for which there are already established standards, whose aim is to set globally accepted norms for entrepreneurial activities.

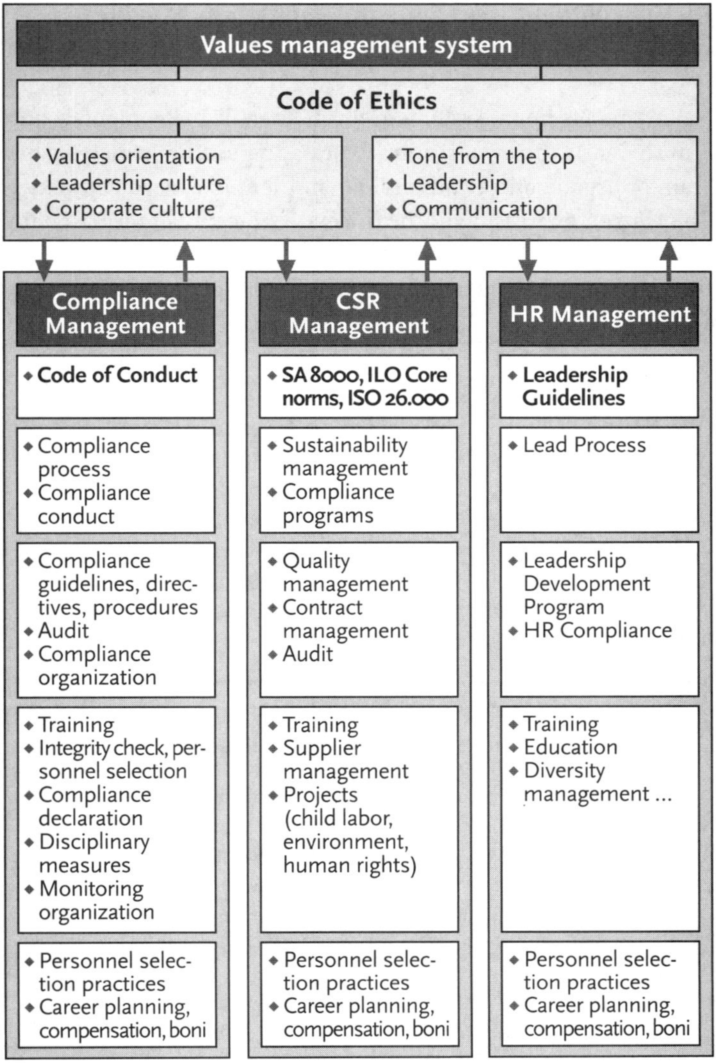

Illustration 3: Values managment, Compliance management, CSR management and HR management

III. Conceptualization and implementation of values management systems

Values management systems are firm-specific instruments which aim to define the ethical framework and guiding principles of a team or organization and implement them in everyday practice. They are an expression of the normative facet of enterprises and comprise all mechanisms which an enterprise has at its disposal in this regard. Through self-description and commitment, they

Performance values	Communication values
◆ *Benefit* ◆ *Competence* ◆ *Readiness of performance* ◆ *Flexibility* ◆ *Creativity* ◆ *Innovation-oriented* ◆ *Quality*	◆ *Respect* ◆ *Affiliation* ◆ *Openness* ◆ *Transparency* ◆ *Communication* ◆ *Readiness for risks*
Co-operation values	**Moral values**
◆ *Loyality* ◆ *Team spirit* ◆ *Conflict ability* ◆ *Openness* ◆ *Communication-oriented* ◆ *Fairness* ◆ *Partnership*	◆ *Integrity* ◆ *Fairness* ◆ *Sincerity* ◆ *Contractual faith* ◆ *Responsibility* ◆ *Honesty* ◆ *Tolerance* ◆ *Justice* ◆ *Solidarity*

Illustration 4: Square of values: Example

give the organization an identity and make it more predictable to potential cooperation partners and potential members with regard to its actions and behavior. Values management systems provide the ethical criteria for the firm to screen potential cooperation partners, thus clients, suppliers, business partners, employees and societal groups. They are thus also the basis of every stakeholder management system.

Every values management system is based on defining and codifying those values of a company, which define its identity, its perception of problems and structure its decisions. Such »codes of ethics,« »codes of conduct« and guidelines have long been standard in the contemporary business world. They are a bit like the business card of a firm. As such, they contain not only ethical values, but also values with regard to performance, communication and cooperation. The following illustration is a compilation of potential values from all four branches, which we have gathered from an analysis of American and German corporate standards.

Corporations can therefore be described not only according to their organizational charts or their financial flows, but also according to a certain set of values for which they stand. Firm-specific sets of values are codified on the basis of a set of written standards of conduct, which always incorporate elements from all four classes of values. They endow a corporation an identity, which enables it to differentiate itself from others. Standards of conduct are therefore neither defined by all potentially desirable values, nor are they a conglomeration of the ethics of the organization. They also do not describe an actual situation, rather they define the behavioral preferences of an enterprise; they are a declaration of will and intent and a selection criterion for decisions in conflict situations. Only in this version can they become an integral part of management processes.[8]

In a subsequent step, codified values must be implemented

and lived out in everyday business practice. Communicating these values is a fundamental part of this. However, it is not so much a matter of information and PR, rather something which I would like to describe as institutionalized communication. Institutionalized communication is characterized by the fact that it is integrated into the operative business and therefore can also have consequences for everyday conduct. Here are a few exam-

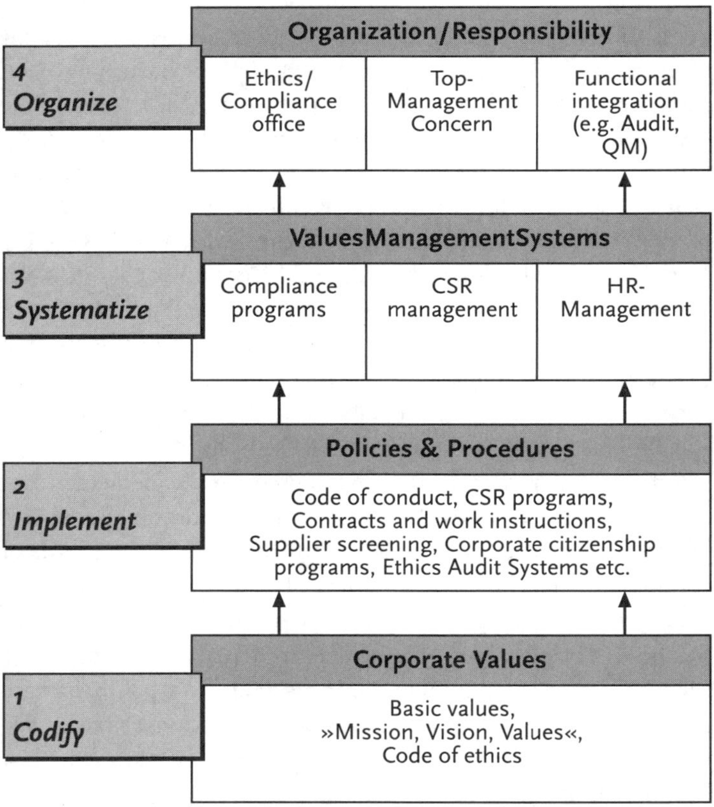

Illustration 5: The four steps of the ValuesManagementSystem

ples: Do the standards of conduct play a role in the selection of employees? Are they criteria in the development and promotion of junior staff? Are they relevant for the selection and evaluation of suppliers? Are there agreements on objectives, which give them additional authority? Do they play a role in processes of pre-merger evaluation and post-merger integration? Are the corporate culture and its values treated as an independent and value-creating merger objective or as a cumbersome basic condition for economic and technical merger objectives? Do operational decision-making criteria exist for issues such as human rights, environmental protection, child labor, female labor, prison labor, etc., which help determine whether business relations are established or investments made in a certain part of the world? In what way are corporate communication and corporate social policy incorporated into the process of implementing standards of conduct? Are there ideas about and programs for »good corporate citizenship« and assuming social responsibility? Are there Ethics Audit Systems?

There are — thirdly — issues about the systeming of values management systems in everyday business operations, which are carried out both through compliance as well as through CSR management and HR management systems. While compliance programs focus on the aspect of the legality of corporate decisions and employee actions, CSR management systems focus on ethically-oriented commitments and self-regulation of the firm and its employees. All experience has shown that compliance programs have difficulties in reaching their operational goal of risk management without a value orientation, while on the other hand CSR management systems do not have a legal basis without the compliance aspect. Besides the values-driven standards of conduct and their institutional communication, the mentioned systems require continuous and adequate evaluation and control. Such audit processes are, by principle, the task of an organization which may operate them with internal and/or external resources.[9]

Fourth and finally, there is the organization of a values management system: If it will be executed by »ethics officer/offices« or by a sustainability council or by a functional integration into the quality management, internal revision, the communication department or the staff headquarters, depends on the allocation of tasks and the specificities of the company. All these options are fruitful, as long as it is clear that they are only viable and can take effect when they are given top priority. Top priority means: continuous communication of the significance of the values by top management, which functions as a role model in their implementation.

The just described operationalization or more precisely, instrumentation of values management systems fundamentally determines their potential effectiveness and the direction of their effects. After all, the core idea of every values management system is simple. It is a matter of breaking down the action- and decision-guiding values of a firm to the different levels of management (strategy, organization, policies & procedures, communication, controlling) and either integrating them into the existing standard instruments or wherever necessary creating and implementing specific instruments of values management.

IV. Guidelines for values management

The discussion up to now has demonstrated that there is a need as well as a demand for accepted criteria for effective values management. Values management systems must be company-specific, but also socially accepted. I will now explain these ideas by applying them to the example of the German Standard for ValuesManagementSystem^{ZfW}, which has proven itself in practice for more than fifteen years. It is the result of the cooperation between the Centre for Business Ethics (*Zentrum für Wirtschaftsethik* – ZfW) of the German Network for Business Ethics (*Deutsches Netzwerk Wirtschaftsethik* – DNWE) and an array of firms and economic associations.[10] A characteristic feature of these guidelines for good management practice is reflected in this cooperation — it is the result of many years of experience with values management, which many involved firms have contributed to. It is therefore not so much a standard to which firms entirely commit themselves (such as ISO 9000, for example), but rather a guidance document that defines the minimum requirements for a credible values management system and serves to analyze and develop firm-specific values management systems.

The so-called *WerteManagementSystem*^{ZfW} (ValuesManagementSystem) is structured dynamically and aims to guide the process of implementation and evaluation of good management practices. It has been developed so that it can be applied — and it is indeed applied — to small and mid-sized as well as globally operating companies. The *WerteManagementSystem*^{ZfW} defines both the basic requirements and building blocks that are important for such systems to make a serious and reliable impression. It does not focus on bureaucratic complexity, rather on facilitating a lively process of implementing ethical standards and values in a corporation, in a certain branch or in a certain market. Every values management system therefore not only has components which restrict actions, but also above all an action-facilitating function for employees and businesses. Against this background, I will now reflect on the principles and building blocks of the *WerteManagementSystem*^{ZfW}, which is intended to function as a set of guidelines for sustainable corporate management.

To evaluate and further develop these guideline a »Users Council for Values Management« *(Anwenderrat für WerteMa-*

nagement – AfW[ZfW]*)*[11] has been established. The Council meets regularly and includes many very important German firms. This guarantees that the guidelines and building blocks are closely related to practice. At the same time, they ensure that the relevance of this values management system spans beyond the German market. For example, the German *WerteManagementSystem*[ZfW] was rated among the leading systems in a survey of the Italian government for the EU Commission.[12]

ValuesManagementSystem^{ZfW} (VMS^{ZfW})

Principles and Bulding blocks
for Sustainability Management

– Guide with practical examples –

The guide to the ValuesManagementSystem^{ZfW} (VMS^{ZfW}) contains explanations of its principles as well as details of the fundamental requirements (minimum requirements) of its building blocks.

Furthermore, examples from business practice are given for particular building blocks of the standard—as an illustration and instruction in the sense of »best practice«.

Part I: Principles

Principle

1. Aim: The aim of the VMS^{ZfW} is the company's sustainable stabilization in every sense of the word (legal, economic, ecological, and social).

2. Method: The essential method generates a values-driven governance of organization and behavior by self-commitment and self-binding. Thus, the VMS^{ZfW} follows the concept of self-governance which is based on values and receives credibility by transparently and continuously communicating the process of self-binding including its internal and external steps.

Explantation

Object of the VMS^{ZfW} is the company's stabilization. As for business decisions, this includes taking into account its stakeholders' interests. In a legal sense, e.g. it is a matter of stabilizing companies and organizations by maintaining and strengthening their entrepreneurial integrity in all concerns of strategic and operative business. In this context, values-driven prevention of illegal and unfair business practices (corruption, unlawful agreements, illegal employment, etc.) does not only protect against expensive fines and the loss of reputation capital. In addition, it supports the maintaining and promotion of managers' and employees' performance-orientation — as a necessary factor of corporate culture. Protection and enhancement of sustainable competitive strength depend on the success of a business culture that is based on fair competition. Compliance with legal regulations therefore is as indispensable for a company's sustainable stabilization as the consideration of ecologic and social concerns. Integrating all these issues into a systematic management process assures the sustainability of business success.

By generating a values-driven self-governance via self-commitment and self-binding, the perspective of the VMS^{ZfW} is clearly defined. It is a guideline for new, successful control of co-operations with all stakeholders (customers, suppliers, employees, capital owners and other economic and social groups).

Self-binding and self-commitment of companies and managements belong to the basic principles of free market econ-

Principle

3. Values orientation: Moral values, cooperation values, performance values and communication values of an organization are to be correlated in a way that provides specific identity and orientation for decisions.

4. Areas of application: The VMS^ZfW in principle refers to all relevant management areas. According to the specific character of a company, several partial areas such as risk manage-

omies. They are no substitute for a general state organization, but nevertheless enable the state to confine itself to fundamental tasks of regulatory politics. Thus they take into account the subsidiary principle of modern societies.

Background to the values orientation is the fundamental belief that an organization's value depends on its values. Corporate values management conduces to the development and promotion of the company's specific identity and acts as an orientation for difficult decisions in everyday business. This great demand can only be met if moral values (e.g. integrity, fairness, sincerity, contractual faith, responsibility), cooperation values (e.g. loyalty, team spirit, conflict capability, openness), performance values (e.g. benefit, competence, flexibility, creativity, innovation-orientation, quality) and communication values (e.g. respect, affiliation, openness, transparency, communication) are consistently coordinated and oriented towards corporate reality. Corporate values must neither contradict themselves nor act as a basis on which the company's stakeholders are given promises that cannot be kept. Only then can the company's basic values be communicated credibly to management, employees and external stakeholders. Credibility and moral reputation are the prerequisites of corporate success—be it on the capital markets or in competing for clients and employees.

Partial areas may involve the following aspects:

- Risk management: fraud, corruption, illegal price fixing, partner screening

Principle

ment, quality management, personnel management, environmental management or Corporate Citizenship, may be of special importance.

5. Integrity: The VMS^{ZfW} is to be set up in a comprehensive and integrative way, both with regard to each of the areas of application and with regard to their interaction.

Explantation

- Quality management: product quality, production quality
- Personnel management selection of personnel, advanced training, career planning, diversity, employees' rights
- Environmental management: responsibility for products and production to meet ecologic requirements
- Corporate citizenship: promotion of education and science, philanthropy, community involvement, social responsibility

The comprehensive perspective of values management means there must be no guidelines, policies and procedures that are not part of the VMS^{ZfW} — neither in the company nor in any of the areas of application. As regards implementation, this means determining existing guidelines, policies and procedures and integrating them into the VMS^{ZfW}.

The integrative perspective of values management is needed for a consistent control of the conduct, based on the company values. It is also meant to prevent specific demands of particular areas and departments from impeding the development and maintenance of corporate identity. Therefore, coordination of all relevant corporate processes that are controlled by values management is necessary. With regard to corporate decisions, this is the only way to achieve consistency and clearness of basic values, guidelines, policies and procedures, as well as reliability in all concerns of strategic and operative business with company partners.

Principle

6. Compliance & values orientation: The VMS^{ZfW} follows both perspectives: *compliance* serves to assure conduct in conformity with the law and to implement and enforce company internal guidelines, policies and procedures formally. Hence, legality and conformity are its determinant characteristics. *Values* determine the organization's identity and the spirit of acting, especially in (grey) areas that are not formally regulated. Identification and orientation are their characteristics.

7. Development orientation: Practising a VMS^{ZfW} means to start a process of permanent development which does not aim at the good but, successively, at the better. Criteria are the prevailing law, social values and the guidelines, policies and procedures of an organization.

Explantation

Values management systems that are merely law-driven fail because of their lack of persuasive power. VMS that are merely values-driven fail due to their insufficient operational breakdown. »Doing the right things« and »doing things right« are indivisible. The characteristics of compliance are determined by legality and conformity, i.e. by the management's and employees' compliance with external rules and norms (laws). Implementation of corresponding guidelines, polices and procedures is an indispensable prerequisite for sustainable stabilization of corporate conduct and the only way to create sustained transparency for managers and employees, as for existing legal regulations.

The characteristics of corporate basic values are determined by identity and orientation and are expressed in the formulation of company-own basic values, guidelines, policies and procedures. A combination with corporate strategy, structure and culture promotes the relation to everyday business life, thus increasing the motivation for compliance and may contribute to solve conflict situations, even in areas beyond formal regulation.

The VMS^{ZfW} does not aim at providing a clearly defined result in a precisely limited time nor at a perfect status. In fact, the process character of the VMS^{ZfW} is the crucial prerequisite for its sustained success. The VMS^{ZfW} is neither able to change directly the economy in general nor to re-structure the company's environment. So VMS^{ZfW}-induced self-binding and self-governance have the character of a permanent process of development. That is why companies and organizations that

Principle

8. Sustained efficacy: Managers and employees are to develop a competence to determine, accept and handle ethical sensitive problems on their own. The principle of coaching applies for both the external and the internal consulting of such processes. Involved persons have to be won over to a constant change of their own and of their business units' conduct.

9. Management responsibility: Company management is responsible for the VMS^{ZfW}. It is especially responsible for a continuous external and internal communication of basic values and guidelines, as well as for monitoring the implementation and realization of the VMS^{ZfW}.

implement a VMS^{ZfW} describe the way they want to do their business. This implies that not all objectives in some areas can be achieved at once. The aim is a selective and successive change of conditions for action, of own conduct and of co-operation partners' conduct.

Sustained efficacy of a VMS^{ZfW} can only succeed with binding commitment of top executives, managers and employees. The VMS^{ZfW} has to be a process in the company that enjoys high priority and permanent attention. This requires applying the concept of coaching for internal or external support of its implementation. In this way, an individual's real change of conduct can be achieved, referring to basic values, guidelines, policies and procedures. Only then can sustained efficacy of the VMS^{ZfW} be assured and delimited from short-term energy or delegation to professional contexts.

Seriousness and credibility of the VMS^{ZfW} can only be achieved if the implementation, realization and public communication is made a »top management concern«. The management's continuous self-commitment to basic values and guidelines is proof for the seriousness of a corporate values management; thus it creates power to act and certainty of expectation for employees. In this context, it is decisive to make it perfectly clear that attention of basic values and compliance with guidelines is company policy, and deviant conduct will neither be tacitly expected nor tolerated. The monitoring of implementation and realization moreover adds to the credibility of the company specific VMS^{ZfW} towards its stakeholders.

Principle

10. Evaluation and proof of implementation: According to the concept of self-commitment and self-governance, the implemented VMS^{ZfW} is always evaluated by an internal procedure. Its users recurrently produce evidence to the Centre for Business Ethics (Zentrum für Wirtschaftsethik) gGmbH that all building blocks of the VMS^{ZfW} are implemented.

Part II: Building blocks

Building block

1. Declaration of basic values: The fundamental building block of the VMS^{ZfW} is the codification of the organization's basic values via a »Vision, Mission & Values« statement, a code of conduct or any document with equal significance. Such documents must be relevant and specific with regard to the organization, as well as fundamental with regard to its values. These documents define the central values of an organization in terms of its most important stakeholders.

2. Strategic orientation: The VMS^{ZfW} is embedded in the organization's specific business strategy. This allows for the necessity that relevance of the VMS^{ZfW} and efficiency in applying

Explantation

The Centre for Business Ethics gGmbH demands from all users of the VMS^{ZfW} proof of its implementation. This proof is necessary in order to document the seriousness of the implemented management system; it explicitly extends to the formal implementation of the VMS^{ZfW} building blocks. Only the user is responsible for the realization of the company-specific VMS^{ZfW}. This is why evaluation procedures definitely do not aim at assessing fulfilment and success of a values-based corporate policy, but at the documented existence of guidelines, policies and procedures of the VMS^{ZfW} — and at the fact that they are »living values«.

Fundamental requirements

- Existence of the document
- Inclusion of the most important stakeholders

- The declaration of basic values has to meet specific factors and the character of the company (strategy, structure, culture).

it can only be ensured by reflecting the organization's present identity and its preferred development.

3. Implementation: The declaration of basic values is implemented by internal and external communication, development of appropriate guidelines, policies and procedures, and training on all involved organizational levels. These measures are used to realize the declaration of basic values in specific business units or regions, and successively have to result in operative documents. There, central criteria of seriousness are the integrative consistency and an approach of guidelines, policies and procedures that comprises all organizational processes.

- Projects for corporate development (strategy development, re-engineering, lean management, etc.) have to reflect the declaration of basic values, guidelines, policies and procedures.

- Internal and external communication of the declaration of basic values
- Communication of the guidelines to business partners
- Operational breakdown of the declaration of basic values in guidelines (for corporate areas or units) and realization of the guidelines in policies and procedures (for particular fields of activities)
- Training of relevant employees, especially in morally sensitive units and functions (e.g. sales, purchasing, internal auditing)
- Information and consulting of employees and managers in conflict situations

Examples: Codified values have to be communicated and lived in the company, between companies and with regard to society. For companies and organizations this means the code of conduct can be broken down in detail along the following questions:

Internal:
- What role does the code of conduct take in selection of personnel?
- Is it a criterion for assessment and promotion of junior staff members?

Building block

Fundamental requirements

- Is the realization of the code of conduct a criterion of target agreements?

Relations to other companies and organizations:
- Do the values and codes of conduct support or obstruct the intended business strategies?
- Are partners and suppliers selected according to a procedure that embraces criteria with regard to the principles and values of the codes?
- How are the processes of »Pre-Merger-Evaluation« and »Post-Merger-Integration« organized? As for merger targets: are value cultures treated as an independent, value-adding one or as a bothering boundary condition of economic and technical ones?

Relation to society:
- Do operational criteria for decisions exist, as regards questions on human rights, environment protection, children and women or prisoner labor etc? Are these criteria (co-) decisive for taking up business relations or investments in a particular part of the world? Do these criteria withstand public communication?
- How are corporate communication and social policy included in the process to realize the codes of conduct? Are there conceptions about co-responsibility and active co-organization of social development (»Good Corporate Citizenship«, »Public Private Partnership«)?

Building block

4. Role model and autonomy: Individual commitment and setting a good example on all management levels are a prerequisite for the success of the VMS^{ZfW}. This also applies to qualifying and backing up employees' competency in making autonomous decisions in situations (of ethical conflict) where there are no explicit guidelines and procedures in the VMS^{ZfW}. It takes into account the fact that it is impossible to issue precise policies and procedures for every thinkable situation in the daily business of an organization.

5. Resources: Depending on the size of the organization and the extent and complexity of the VMS^{ZfW}, resources (financial and human) are required for its realization.

Fundamental requirements

- Competence and responsibility at top-management level
- Management's public and permanent commitment for the aims of the VMS^{ZfW} and their realization
- Specific trainings with regard to employees' particular fields of action

For the implementation period, companies and groups of companies have to appoint a qualified person in charge who takes the operative responsibility in implementing the VMS^{ZfW}: up to 1,000 employees at least one year; more than 1,000 employees at least two years and 100% of the regular working time of a fully employed member of staff. This function especially includes supporting work in formulating the declaration of basic values, in organizing and realizing trainings and internal and external communication, as well as in elaborating unit and function-specific guidelines, policies and procedures.

These fundamental requirements do not have to be adhered to if a company proves its ability to fulfil the necessary duties via an equivalent form of project management and by using appropriate measures and structures. The position can also be assumed by a qualified external consultant.

Building block

6. Communication: Internal and external communication of the organization's values, guidelines, policies and procedures, along with evaluation, is the crucial medium of credible self-commitment by the VMS^{ZfW}.

7. Motivation: According to guidelines, policies and procedures, incentive structures are to be established that honor or promote exemplary acting in compliance with the values as well as sanction for actions which violate corporate and social values.

Fundamental requirements

Internally, at least two of the following communicative measures have to be applied (publication is obligatory):
- publication in the company
- talk with superior
- group meetings
- instruction of new employees
- information of the works council
- CD-rom
- house journal
- Intranet / Internet

Externally, at least two of the following communicative measures have to be applied (communication to business partners is obligatory):
- communication to business partners
- press reports
- house journal
- discussions with external stakeholders
- public hotline for ethical questions
- environmental and social report
- information on labor unions
- annual report
- CD-rom
- internet

- Inclusion of the VMS^{ZfW} in employment contracts and/or job description and/or assessment systems for management and employees
- Measures to sanction actions that are illegal and infringe values

Building block

8. Evaluation: Procedures to evaluate the VMS^{ZfW} aim at documenting and verifying the process and at sustaining its realization. Self-assessment here is the fundamental concept. The organization decides if evaluation is done with additional support of an external institution.

9. Documentation: The documentation of the VMS^{ZfW} and of its evaluation is used to retrace its implementation and realization. It is to be designed according to the organizational structure and the documentation systems that are already employed, and has to suffice legal requirements with regard to form and storage.

10. Management Review: The executive board of an organization is obliged to carry out regular assessments of the VMS^{ZfW} with regard to its effectiveness and efficiency. The assessment serves to ensure the quality of the VMS^{ZfW} and its adaptability to changing environmental conditions.

V. Summary

Values management in the era of the globalization of markets and organizations and rapidly changing social structures is a strategic and operational task for management. It is part of »Good Corporate Governance« and has become a standard of strategic management both nationally as well as internationally. The *WerteManagementSystem*^{ZfW} emphasizes the significance of the design of organizational structures of a corporation as a creator of incentives for individual ethical conduct. It is consistent

Fundamental requirements
Establishment of an evaluation and documentation management system
Informative and comprehensive documentation about the VMS^{ZfW} and all transactions that concern the VMS^{ZfW} as well as about the procedure and results of its evaluation must be available.
The assessment is carried out at least once a year and must be documented.

with the development of national and international legislation, which increasingly holds corporate bodies and employees responsible through legal concepts such as executive, management or organizational liability. The three criteria for measuring the effectiveness and efficiency of a values management system are: prevention, comprehensiveness, and sustainability. *Prevention* means that values management systems focus not only on the detection and formal monitoring of immoral and illegal conduct in the organization, but also on protecting against it. *Comprehensiveness* means that a values management system not only focuses on monitoring numbers and processes, but also on facilitating ethical integrity in all areas and aspects of the firm and its business operations. *Sustainability* means that a values management system focuses on a permanent process of promoting ethical and value-driven corporate actions and decisions.

However, all experiences show — and this is important to remember — that a values management system is never perfect and entirely free of conflicts, just like any other human accomplishment. The conflicts, gray areas, dilemma structures and »hard choices« of a firm can indeed be minimized, but cannot be entirely eliminated and avoided. Values management systems are therefore in a certain way an ethical promise of the firm and its employees to mobilize all its resources and take every worthwhile and necessary effort to actually integrate the aspects of humanity and integrity into business activities and continuously emphasize its relevance — nothing more and nothing less.

Anhang

Anmerkungen

Unternehmensethik und Managerethik

Klaus M. Leisinger

1 Klaus M. Leisinger leitet als Präsident und Geschäftsführer die Novartis Stiftung für Nachhaltige Entwicklung (www.novartisstiftung.org).

2 *Harvard Business Review*, July–August 2009, S. 57.

3 *Harvard Business Review*, July–August 2009, S. 91.

4 *Harvard Business Review*, January–February 2010, S. 58–65.

5 Ghoshal, S.: »Bad Management Theories are Destroying Good Management Practices.« In: *Academy of Management Learning & Education*, Vol. 4, No. 1, 2005, S. 75–91.

6 Khurana, R.: *From Higher Aims to Hired hands. The Social Transformation of American Business Schools and the Unfulfilled Promise of Management as a Profession.* Princeton University Press, Princeton/Oxford 2007.

7 *Frankfurter Allgemeine Zeitung*, Dienstag, 23. Juni 2009, Nr. 142, S. 11 (Wirtschaft).

8 Siehe Millennium Project: *2009 State of the Future.* New York 2009.

9 Hösle, V.: *Philosophie der ökologischen Krise. Moskauer Vorträge.* Beck'sche Reihe, München 1991, S. 16.

10 Siehe als Einstieg Leisinger, K. M.: *Unternehmensethik. Globale Verantwortung und Modernes Management.* C. H. Beck, München 2007; Wieland, J.: *Die Ethik der Governance.* Metropolis Verlag, Marburg 1999; Wieland, J.: *Governanceethik und Diskursethik – ein zwangloser Diskurs.* Metropolis Verlag, Marburg 2007; etwas grundlegender Ulrich, P.: *Integrative Wirtschaftsethik. Grundlage einer lebensdienlichen Ökonomie.* 4. Auflage, Bern 2008; ebenso Donaldson, Th. / Werhane, P. H.: *Ethical Issues in Business. A Philosophical Approach.* Prentice Hall, Englewood Cliffs 2008; Crane, A. / Mat-

ten, D.: *Business Ethics.* 2. Auflage, Oxford University Press, New York 2007.

11 Donaldson, Th.: *Corporations and Morality.* Prentice Hall, Englewood Cliffs 1982.

12 Auf diesen Aspekt hatte früh schon Hans Geser aufmerksam gemacht, siehe Geser, H.: »Organisationen als moralische Akteure. Ein Thesenpapier.« In: *Schweizerische Arbeitshefte für ethische Forschung*, Nr. 21. Zürich 1989, S. 33 f.

13 Wieland, J.: *Die Ethik der Governance.* Metropolis Verlag, Marburg 1999, S. 8.

14 Bazerman, M.: »Evaluating your Business Ethics: A Harvard professor explains why good people do unethical things.« In: *Gallup Management Journal online*, June 2008, S. 1–5; ebenso Jones, Th. M. / Gautschi, F. H.: »Will the Ethics of Business Change? A Survey of Future Executives.« In: *Journal of Business Ethics*, Vol. 7, No. 4, 1988, S. 231–248.

15 Posner, B. Z.: »Individuals' Moral Judgement and its Impact on Group Processes.« In: *International Journal of Management*, Vol. 3, No. 2, 1986, S. 5–11; Nichols, M. L. / Day, V. E.: »A comparison of moral reasoning of groups and individuals on the ›defining issue test‹.« In: *Academy of Management Journal*, Vol. 25, 1982, S. 201–208.

16 Kellerman, B.: *Followership. How Followers are Creating Change and Changing Leaders.* Harvard Business Press, Boston 2008.

17 Siehe dazu Ardichvili, A. / Mitchell, J. / Jondle, D.: »Characteristics of Ethical Business Cultures.« In: *Journal of Business Ethics*, Vol. 85, No. 4, 2009, S. 445–451.; Thomas, T. / Schermerhorn Jr., J. / Dienhart, J.: »Strategic leadership of ethical behavior in business.« In: *Academy of Management Executive* (serial online), Vol. 18, No. 2, 2004, S. 56–66; ebenso Ciulla, J. B. / Price, T. L. / Murphy, S. E. (Hrsg.): *The Quest for Moral Leaders: Essays in Leadership Ethics.* Barnes & Noble, Cheltenham 2005.

18 Siehe dazu Resick, C. / Hanges, P. / Dickson, M. / Mitchelson, J. A.: »Cross Cultural Examination of the Endorsement of Ethical Leadership.« In: *Journal of Business Ethics* (serial online), Vol. 63, No. 4, 2006, S. 345–359; ebenso Sama, L. / Shoaf, V.: »Ethical Leadership for the Professions: Fostering a Moral Community.« In: *Journal of*

Business Ethics (serial online), Vol. 78, Nos. 1/2, 2008, S. 39–46; Schwartz, M. / Dunfee, T. / Kline, M.: »Tone at the Top: An Ethics Code for Directors?« In: *Journal of Business Ethics* (serial online), Vol. 58, Nos. 1–3, 2005, S. 79–100.

19 Siehe dazu Caldwell, C. / Hayes, L. / Bernal, P. / Karri, R.: »Ethical Stewardship – Implications for Leadership and Trust.« In: *Journal of Business Ethics* (serial online), Vol. 78, Nos. 1/2, 2008, S. 153–164; Chun, R.: »Ethical Character and Virtue of Organizations: An Empirical Assessment and Strategic Implication.« In: *Journal of Business Ethics* (serial online), Vol. 57, No. 3, 2005, S. 269–284.

20 Zur großen Bedeutung des Compliance Management siehe Tyler, T. / Dienhart, J. / Thomas, T.: »The Ethical Commitment to Compliance: Building Value-Based Cultures.« In: *California Management Review* (serial online), Vol. 50, No. 2, 2008, S. 31–51.

21 Davis, A. / Rothstein, H.: »The Effects of the Perceived Behavioral Integrity of Managers on Employee Attitudes: A Meta-Analysis.« In: *Journal of Business Ethics* (serial online), Vol. 67, No. 4, 2006, S. 407–419.

22 Weber, M.: »Politik als Beruf.« In: Weber, M.: *Gesammelte politische Schriften.* 5. Auflage, J. C. B. Mohr / Paul Siebeck, Tübingen 1988, S. 551 f.

23 Siehe dazu zum Beispiel Sun Tzu: *The Art of War.* Shambhala, London 1991, S. 4 (in den Jahren um 500 vor Christus geschrieben).

24 Platon: *Der Staat (Politeia).* DTB/Artemis, München 1991 (in den Jahren um 400 vor Christus geschrieben).

25 Weber, M.: »Politik als Beruf.« In: Weber, M.: *Gesammelte politische Schriften.* 5. Auflage, J. C. B. Mohr/Paul Siebeck, Tübingen 1988, S. 551 f. (als Vortrag in München im Jahre 1919 gehalten).

26 Siehe dazu auch Leisinger, K. M.: *Unternehmensethik. Globale Verantwortung und modernes Management.* C. H. Beck, München 1997, S. 141–174.

27 Beispielsweise Johnson, C. E.: *Meeting the Ethical Challenges of Leadership. Casting Light or Shadow.* Sage, Thousand Oaks/London 2009, S. 245 ff.

28 Goldsmith, M.: *What Got You Here Won't Get You There.* Profile Books, London 2008, S. 40 f., 147 ff.

29 Siehe dazu Werhane, P. H. / Moriarty, B.: *Moral Imagination and Management Decision Making.* Business Roundtable, Institute for Corporate Ethics, University of Virginia, Darden 2009.
30 So das Fähigkeitenprofil, das der Club of Rome für »leadership« in modernen Zeiten für erforderlich hält: Club of Rome: *Die Globale Revolution. Bericht des Club of Rome 1991.* Spiegel Spezial Nr. 2, Hamburg 1991, S. 109.
31 Prahalad, C. K.: »The Responsible Manager.« In: *Harvard Business Review,* January–February 2010, S. 36.
32 In seinem letzten Interview; siehe Jonas, H.: »Der ethischen Perspektive muß eine neue Dimension hinzugefügt werden.« In: *Deutsche Zeitschrift für Philosophie,* Bd. 41, Heft 1, 1993, S. 98. Aus dieser Tatsache leitete er eine kritische Betrachtung der Demokratie zum Beispiel für die Lösung der Umweltkrise ab. Wo alle vier Jahre gewählt wird, besteht für ihn die Gefahr, dass wegen der Befriedigung der Tagesinteressen und der Nahinteressen »Fernpflichten« nicht wahrgenommen werden.
33 Siehe Gellerman, S. W.: »Why ›good‹ managers make bad ethical choices.« In: *Harvard Business Review,* July–August 1986, S. 85–90.
34 Siehe zum Beispiel Badenhorst, J. A.: »Unethical Behaviour in Procurement. A Perspective on Causes and Solutions.« In: *Journal of Business Ethics,* Vol. 13, No. 9, 1994, S. 739–745.
35 So, wie das Johann Heinrich Pestalozzi schon vor rund 150 Jahren tat.
36 Siehe Kant, I.: »Ideen zu einer allgemeinen Geschichte in weltbürgerlicher Absicht.« In: *Schriften zur Anthropologie, Geschichtsphilosophie, Politik und Pädagogik I.* Werkausgabe, Bd. XI, hrsg. von W. Weischedel. Suhrkamp Taschenbuch Wissenschaft, Frankfurt a. M. 1968, S. 41. Im gleichen Aufsatz steht jedoch ein Hinweis, aus dem der Wunsch nach moralischer Weiterbildung ableitbar wäre: »Wir sind im hohen Grade durch Kunst und Wissenschaft kultiviert. Wir sind zivilisiert, bis zum Überlästigen, zu allerlei gesellschaftlicher Artigkeit und Anständigkeit. Aber, uns für schon moralisiert zu halten, daran fehlt noch sehr viel.« (S. 44).
37 Die Tatsache, dass die heutigen Beratungsmärkte reihenweise »Instantkurse« in Sachen Ethik anbieten, ist daher umso bedauerlicher.

Eine »Schnellbleiche« wird weder der Komplexität ethischer Problemkreise gerecht, noch resultiert sie in einer Verbesserung der moralischen Qualität von Handlungen. Sie kostet nur Geld beziehungsweise bringt einschlägigen Instituten Umsatz. Wenn schon, dann müssen Ausbildungsbemühungen nachhaltig, das heißt über mehrere Bildungsperioden angelegt sein. Siehe dazu Callan, V. J.: »Predicting Ethical Values and Training Needs in Ethics.« In: *Journal of Business Ethics*, Vol. 11, No. 10, 1992, S. 761–769.

38 Vgl. zum Beispiel Nelson, D. R. / Obremski, T. E.: »Promoting Moral Growth Through Intra-Group Participation.« In: *Journal of Business Ethics*, Vol. 9, No. 9, 1990, S. 731–739; ebenfalls Johnson, H. L.: »Bribery in International Markets: Diagnosis, Clarification and Remedy.« In: *Journal of Business Ethics*, Vol. 4, No. 6, 1985, S. 447–455.

39 So bestreiten zum Beispiel Lane et al. das Vorhandensein großer empirischer Evidenz, dass Ethikbildung das moralische Verhalten und die ethische Qualität der Entscheidungen verbessere: Lane, M. S. / Schaupp, D. / Parsons, B.: »Pygmalion Effect: An Issue for Business Education and Ethics.« In: *Journal of Buiness Ethics*, Vol. 7, No. 3, 1988, S. 223–229. Auch Davis und Welton halten zum Beispiel den Einfluss des institutionellen Umfeldes für die ethische Sekundärsozialisierung für stärker als ethische Ausbildung, siehe: Davis, J. R. / Welton, R. E.: »Professional Ethics: Business Students' Perceptions.« In: *Journal of Business Ethics*, Vol. 10, No. 6, 1991, S. 451–463.

40 Siehe dazu Kohlberg, L.: »Moral Stages and Moralization: The Cognitive-Developmental Approach.« In: Lickona, T. (Hrsg.): *Moral Development and Behaviour. Theory, Research, and Social Issues.* Harper & Row, New York 1976, S. 31–53.

41 Maclagan, P.: »Management Development and Business Ethics: A View from the U.K.« In: *Journal of Business Ethics*, Vol. 11, No. 4, 1992, S. 321–328.

42 In: *Kultur und Ethik*. C. H. Beck Verlag, München 1960, S. 117.

43 Siehe Johnson, C. E.: *Meeting the Ethical Challenges of Leadership. Casting Light or Shadow.* Sage, Thousand Oaks/London 2009, S. 137 ff.

44 Siehe dazu Tyson, Th.: »Believing that Everyone Else is Less Ethi-

cal: Implications for Work Behaviour and Ethics Instruction.« In: *Journal of Business Ethics*, Vol. 9, No. 9, 1990, S. 715–721.

45 Wie beispielsweise die »Parabel vom Sadhu«. Siehe dazu Harvard Manager: *Unternehmensethik*, Bd. 1. Hamburg, o. J., S. 19–23.

46 Siehe dazu Boisjoly, R. P. / Curtis, E. F. / Mellican, E.: »Roger Boisjoly and the Challenger Disaster: The Ethical Dimension.« In: *Journal of Business Ethics*, Vol. 8, No. 4, 1989, S. 217–230; Werhane, P. H.: »Engineers and Management: The Challenge of the Challenger Incident.« In: *Journal of Business Ethics*, Vol. 10, No. 8, 1991, S. 605–616.

47 Gellerman, S. W.: »Why ›good‹ managers make bad ethical choices.« In: *Harvard Business Review*, July–August 1986, S. 85–90.

48 Bert Brecht würde dazu sagen: »Das Gegenteil von ›gut‹ ist ›gut gemeint‹.«

49 Siehe zum Beispiel McDonald, G. M. / Zepp, R. A.: »Ethical Perceptions of Hong Kong Chinese Business Managers.« In: *Journal of Business Ethics*, Vol. 7, No. 11, 1988, S. 835–845; Ferrel, O. C. / Weaver, K. M.: »Ethical Beliefs of Marketing Managers.« In: Journal of Marketing, Vol. 47, July 1978, S. 69–73; Pitt, L. F. / Abratt, R.: »Corruption in Business: Are Management Attitudes Right?« In: *Journal of Business Ethics*, Vol. 5, No. 1, 1986, S. 39–44.

50 Siehe zum Beispiel www.integrityassessments.com.

51 Harshman, C. / Harshman, E.: »The Gordian Knot of Ethics: Understanding Leadership Effectiveness and Ethical Behavior.« In: *Journal of Business Ethics*, Vol. 78, Nos. 1/2, 2008, S. 175–192.

52 Siehe dazu auch Price, T. L.: *Leadership Ethics. An Introduction.* Cambridge University Press, Cambridge 2008.

53 William Shakespeare: *Julius Caesar*, Brutus, Akt IV, Szene III; eigene Übersetzung von: »There is a tide in the affairs of men, which taken at the flood, leads on to fortune; Omitted, all the voyage of their life is bound in shallows and in miseries. On such a full sea are we now afloat, and we must take the current when it serves, or lose our ventures.«

Globales Wirtschaftsethos als transkulturelles Management
Josef Wieland

1 Hobbes 2000, Kapitel 15.
2 Vgl. Küng 2001.
3 »Das Entscheidende ...«, vgl. Schlink im *Merkur* 2009.
4 So die Meinung von Schlink 2009.
5 Vgl. Dunning 2003.
6 Vgl. Welsch 1999, 2009.
7 Vgl. für die Bedeutung dieser Werte in einem religiösen Weltethos Küng 1990.
8 Vgl. zur Ethik der Governance Wieland 1999.
9 Vgl. Welsch 1999, 2009.
10 Vgl. Wieland 1999.
11 Wieland / Grüninger 2003; vgl. für die nordamerikanischen Wurzeln des Wertemanagements: Hoffman 1992, 1995, McCoy 1985, Weaver / Treviño 1999.
12 Klaus M. Leisinger in seiner Rede auf dem Symposium »Global Economic Ethic – Consequences for Global Businesses« bei den Vereinten Nationen am 6. Oktober 2009, siehe: www.globaleconomicethic.org; vgl. auch seinen Beitrag in diesem Band. Für diese Diskussion vgl. Donaldson 1989, 1993.
13 Vgl. Donaldson 1989, 1993.
14 Im eudämonischen Sinne.
15 Wieland 2005, S. 110 ff.

Wie kann man Werte managen?
Josef Wieland

1 Dieser Beitrag ist eine konzeptionelle und gründliche Überarbeitung meines Aufsatzes in Wieland (Hg.) 2004.
2 Vgl. hierzu Center for Business Ethics 1992; ECOA: www.theecoa.org//AM/Template.cfm?Section=Home.
3 Vgl. www.bauindustrie-bayern.de/ethik.html.
4 Vgl. hierzu Wieland 1997, 2002.
5 Vgl. Brandenburger / Nalebuff 1998; vgl. Dixit / Nalebuff 1997.

6 Vgl. Harvey/Allard 2002.
7 Vgl. für einen Vorschlag zur Sache Wieland 1996.
8 Vgl. hierzu Wieland 2002.
9 Vgl. grundlegend Wieland 1996.
10 Vgl. hierzu Wieland/Steinmeyer/Grüninger 2010.
11 Vgl. hierzu http://zfw-online.de; www.dnwe.de/2/content/bb_01.htm.
12 Auch zu finden unter: www.dnwe.de/tl_files/ZfW/wms.pdf.
13 Vgl. www.dnwe.de/2/content/bb_02_afw.htm.
14 Vgl. hierzu den Bericht der italienischen Regierung: »CSR-SC Projet«, www.eurofound.europa.eu/eiro/2003/01/feature/it0301104f. htm

Literatur

Die globale Wirtschaftskrise erfordert ein globales Ethos
Manifest für ein Globales Wirtschaftsethos
Hans Küng

Dunning, John H. (Hrsg.): *Making Globalization Good. The Moral Challenges of Global Capitalism.* Oxford University Press, Oxford 2003.

Küng, Hans: *Projekt Weltethos.* Piper, München 1990.

Küng, Hans: *Weltethos für Weltpolitik und Weltwirtschaft.* Piper, München 1997; Lizenzausgabe: Wissenschaftiche Buchgesellschaft, Darmstadt 1997; Taschenbuchausgabe: Serie Piper 3080, München 2000.

Küng, Hans (Hrsg.): *Globale Unternehmen – globales Ethos. Der globale Markt erfordert neue Standards und eine globale Rahmenordnung.* FAZ-Buchverlag, Frankfurt a. M. 2001.

Küng, Hans (Hrsg.): *Dokumentation zum Weltethos.* Piper, München 2002.

Küng, Hans: *Wozu Weltethos? Religion und Ethik in Zeiten der Globalisierung* (im Gespräch mit Jürgen Hoeren). Herder, Freiburg 2002.

Küng, Hans: *Erkämpfte Freiheit – Erinnerungen.* Piper, München 2002.

Küng, Hans: *Umstrittene Wahrheit – Erinnerungen.* Piper, München 2007.

Küng, Hans: *Was ich glaube.* Piper, München 2009.

Küng, Hans / Kuschel, Karl-Josef (Hrsg.): *Wissenschaft und Weltethos.* Piper, München 1998; Taschenbuchausgabe: Serie Piper 3247, München 2001.

Leisinger, Klaus M.: *Unternehmensethik. Globale Verantwortung und modernes Management.* C. H. Beck, München 1997.

Picco, Giandomenico / Weizsäcker, Richard von / Küng, Hans (u. a.): *Crossing the Divide. Dialogue among Civilizations.* Seton Hall University, South Orange, NJ 2001. Deutsche Ausgabe: *Brücken in die Zukunft. Ein Manifest für den Dialog der Kulturen. Eine Initiative von Kofi Annan.* S. Fischer, Frankfurt a. M. 2001.

Globales Wirtschaftsethos als transkulturelles Management
Josef Wieland

Donaldson, Thomas: *The Ethics of International Business.* OUP, Oxford 1989.

Donaldson, Thomas: »When in Rome, Do … What? International Business and Cultural Relativism.« In: Minus, Paul M. (Hrsg.): *The Ethics of Business in a Global Economy.* Kluwer, Dordrecht 1993, S. 68–78.

Dunning, John H.: »The Moral Imperatives of Global Capitalism: An Overview.« In: Dunning, John H.: *Making Globalization Good.* Oxford Scholarship Online Monographs, Oxford 2003, S. 11–41.

Hobbes, Thomas: *Der Leviathan.* Herausgegeben von Rüdiger Voigt. Nomos, Baden-Baden 2000.

Hoffman, W. M. / Driscoll, D.-M.: *Ethic Matters. How to Implement Values-Driven Management.* Waltham: Bently College Center for Business Ethics, 1992.

Hoffman, W. M. / Frederick, R. (Eds): *Business Ethics: Readings and Cases in Corporate Morality.* New York: McGraw-Hill, 1995.

Küng, H.: *Projekt Weltethos.* Piper, München, 1990.

Küng, Hans: *Globale Unternehmen – globales Ethos. Der globale Markt erfordert neue Standards und eine globale Rahmenordnung.* FAZ-Buchverlag, Frankfurt a. M. 2001.

McCoy, C. S.: *Management of Values.* Ballinger Pub & Co, 1985.

Schlink, Bernhard: »Das Moralische versteht sich von selbst.« In: *Merkur, Zeitschrift für Europäisches Denken*, Nr. 722, Juli 2009, S. 557–569.

Weaver, G. R. / Treviño, L. K.: »Compliance and Values Oriented Ethics Programs: Influences on Employees' Attitudes and Behavior«. In: *Business Ethics Quarterly.* Vol. 9, Issue 2, 1999, S. 315–335.

Welsch, Wolfgang: »Transkulturalität.« In: Institut für Auslandsbeziehungen (Hrsg.): *Migration und Kultureller Wandel.* Schwerpunktthema der Zeitschrift für Kulturaustausch, 45. Jg., 1. Vj. 1995. Stuttgart 1995.

Welsch, Wolfgang: »Transculturality – the Puzzling Form of Cultures Today.« In: Featherstone, Mike / Lash, Scott (Hrsg.): *Spaces of Culture: City, Nation, World.* Sage, London 1999, S. 194–213.

Welsch, Wolfgang: »Was ist eigentlich Transkulturalität?« In: *Hochschule als transkultureller Raum? Beiträge zu Kultur, Bildung und Differenz.* Herausgegeben von Lucyna Darowska und Claudia Machold, transcript-Verlag, 2009.

Wieland, Josef: »Die Ethik der Governance«. Metropolis-Reihe *Studien zur Governanceethik*, Band 1, Metropolis, Marburg 1999 (5. Auflage 2007).

Wieland, Josef (Hrsg.): *Standards and Audits for Ethics Management Systems – The European Perspective.* Springer, Berlin 2003.

Wieland, Josef: *Die Ethik der Governance.* Metropolis Verlag, Marburg 2005.

Wieland, Josef: »Corporate Governance, Values Management, and Standards. The European Perspective.« In: Rossouw, Deon / Sison, Alejo José (Hrsg.): *Global Perspectives on the Ethics of Corporate Governance.* Palgrave MacMillan, Hampshire 2006; zuerst erschienen in: *Business & Society*, Vol. 44, No. 1, 2005, S. 74–93.

Wieland, Josef / Grüninger, Stephan: »Values Management Systems and their Auditing: Concepts, Instruments and Empirical Experiences.« In: Wieland, Josef (Hrsg.): *Standards and Audits for Ethics Management Systems – The European Perspective.* Springer, Berlin 2003, S. 119–147.

Wieland, Josef / Steinmeyer, Roland / Grüninger, Stephan: *Handbuch Compliance-Management. Konzeptionelle Grundlagen, praktische Erfolgsfaktoren, globale Herausforderungen.* ESV Verlag, Berlin 2010.

Wie kann man Werte managen?
Josef Wieland

Brandenburger, Adam M. / Nalebuff, Barry J.: *Co-opetition.* Doubleday: New York 1998.

De Bono, Silvio: *Managing Cultural Diversity.* Mey & Meyer Media, Maidenhead, 2008.

Dixit, Avinash K. / Nalebuff, Barry J.: *Spieltheorie für Einsteiger: Strategisches Know-how für Gewinner.* Schäffer-Poeschel Verlag, Stuttgart 1997.

Harvey, Carol / Allard, M. June: *Understanding and Managing Diversity.* Prentice Hall, New York, 2002.

Wieland, Josef: *Ökonomische Organisation, Allokation und Status.* Mohr (Siebeck), Tübingen 1996 (Habilitationsschrift).

Wieland, Josef: »Unternehmensethik als Erfolgsfaktor in globalen Kooperationen.« In: Zur, Eberhard / Krystek, Ulrich (Hrsg.): *Internationalisierung – Eine Herausforderung für die Unternehmensführung.* Springer, Heidelberg 1997, S. 527–541.

Wieland, Josef: »Die Governance kultureller Diversifität. Resultate einer empirischen Studie über die Bedeutung von Werten in deutsch-russischen Unternehmensbeziehungen.« In: Röttgers, Kurt / Koslowski, Peter F. (Hrsg.): *Transkulturelle Wertekonflikte. Theorie und wirtschaftsethische Praxis.* Physica-Verlag, Heidelberg 2002, S. 104–123.

Wieland, Josef: »Wozu Wertemanagement? Ein Leitfaden für die Praxis.« In: Wieland (Hg.), *Handbuch Wertemanagement.* Murmann, Hamburg 2004, S. 13–52.

Wieland, Josef / Steinmeyer, Roland / Grüninger, Stephan: *Handbuch Compliance-Management. Konzeptionelle Grundlagen, praktische Erfolgsfaktoren, globale Herausforderungen.* Erich Schmidt Verlag, Berlin 2010.

Appendix

Notes

Business Ethics by Manager Ethics

Klaus M. Leisinger

1 Klaus M. Leisinger is President and CEO of the Novartis Foundation for Sustainable Development (www.novartisstifung.org).

2 *Harvard Business Review*, July–August 2009, p. 57.

3 *Harvard Business Review*, July–August 2009, p. 91.

4 *Harvard Business Review*, January–February 2010, pp. 58–65.

5 Ghoshal, S.: »Bad Management Theories are Destroying Good Management Practices.« In: *Academy of Management Learning & Education*, Vol. 4, No. 1, 2005, pp. 75–91.

6 Khurana, R.: *From Higher Aims to Hired Hands. The Social Transformation of American Business Schools and the Unfulfilled Promise of Management as a Profession*. Princeton University Press, Princeton/Oxford 2007.

7 *Frankfurter Allgemeine Zeitung*, Tuesday, June 23, 2009, No. 142, p. 11.

8 Millennium Project: *State of the Future 2009*. New York 2009.

9 See: www.edelman.com/trust/2009/, p. 3.

10 Hösle, V.: *Philosophie der ökologischen Krise. Moskauer Vorträge*. Beck'sche Reihe, Munich 1991, p. 16 (Translation by KML).

11 For an introduction, see K. M.: *Unternehmensethik. Globale Verantwortung und Modernes Management*. C. H. Beck, Munich 2007; Steinmann, H. / Löhr, A. (eds.): *Unternehmensethik*. Verlag C. E. Poeschel, Stuttgart 1989; Wieland, J.: *Die Ethik der Governance*. Metropolis Verlag, Marburg 1999; Wieland, J.: *Governanceethik und Diskursethik – ein zwangloser Diskurs*. Metropolis Verlag, Marburg 2007; essential reading: Ulrich, P.: *Integrative Wirtschaftsethik. Grundlage einer lebensdienlichen Ökonomie*. 4th edition, Bern 2008; also: Donaldson, Th. / Werhane, P. H.: *Ethical Issues in Business. A Philosophical Approach*. Prentice Hall, Englewood Cliffs

2008; Crane, A. / Matten, D.: *Business Ethics.* 2nd edition, Oxford University Press, New York 2007; De George, R. T.: *Business Ethics.* 4th edition, Macmillan, New York 1995; De George, R. T: *Competing with Integrity in International Business.* Oxford University Press, New York 1993; Donaldson, T. / Dunfee, T. W.: *Ties that Bind. A Social Contracts Approach to Business Ethics.* Harvard Business School Press, Boston 1999.

12 As defined by Josef Wieland; cf. Wieland, J.: »Die Tugend kollektiver Akteure.« In: Wieland, J. (ed.): *Die moralische Verantwortung kollektiver Akteure.* Physica-Verlag, Heidelberg 2001, p. 24; see also Wieland, J.: *Die Tugend der Governance.* Metropolis Verlag, Marburg 2006.

13 Donaldson, Th.: *Corporations and Morality.* Prentice Hall, Englewood Cliffs 1982.

14 There have been isolated cases of top management being aware of such deficits but, whether out of opportunism or under imagined pressure of time or pressure to act, ignoring them in spite of warnings from internal experts. One crass example among many is the problem of the cold-induced brittleness of the »O rings« that were ultimately responsible for the astronauts in the Challenger space-crash. See Boisjoly, R. P. / Foster Curtis, E. / Mellican, E.: »Roger Boisjoly and the Challenger Disaster: The Ethical Dimensions.« In: *Journal of Business Ethics*, Vol. 8, 1989, pp. 217–230; Werhane, P. H.: »Engineers and Management: The Challenge of the Challenger Incident.« In: *Journal of Business Ethics*, Vol. 10, 1991, pp. 605–616; Herkert, J. R.: »Management's Hat Trick: Misuse of ›Engineering Judgment‹ in the Challenger Incident.« In: *Journal of Business Ethics*, Vol. 10, 1991, pp. 617–620; and also Norton, Th. N.: »Understanding Professional Misconduct: The Moral Responsibilities of Professionals.« In: *Journal of Business Ethics*, Vol. 10, 1991, pp. 621–623. The case of Jayson Blair at the *New York Times* can be cited as a »textbook example« of the loner with criminal energy whose misconduct failed to show up early enough on the radar screens of management.

15 Hans Geser drew attention to this aspect early on; see Geser, H.: »Organisationen als moralische Akteure. Ein Thesenpapier.« In:

Schweizerische Arbeitshefte für ethische Forschung, No. 21. Zurich 1989, pp. 33–34.

16 See Wieland, J. (ed.): *Die moralische Verantwortung kollektiver Akteure.* Physica-Verlag, Heidelberg 2001; in particular the contribution by Maring, M.: »Verantwortung von Korporationen«, pp. 103–145.

17 Wieland, J.: *Die Ethik der Governance.* Metropolis Verlag, Marburg 1999, p. 8.

18 See Fürst, M.: »Grundprinzipien und Gestaltung eines nachhaltigen Integritätsmanagements.« In: Wieland, J. / Grueninger, St. / Steinmeyer, R. (eds): *Handbuch nachhaltiges Compliance-Management.* Erich Schmidt Verlag, Berlin 2009, pp. 353–358.

19 See: www.ussc.gov/2007guid/8b2_1.html.

20 See Fürst, M.: *Risiko-Governance. Die Wahrnehmung und Steuerung moralökonomischer Risiken.* Metropolis Verlag, Marburg 2005.

21 This statement applies only to the external sphere — as regards the internal sphere there is empirical evidence of clearly measurable positive changes, such as the motivation of employees, their commitment or attractiveness of the employer.

22 See, for example, Laufer Green Isaac: *Hidden Agendas: Stereotypes and Cultural Barriers to Corporate-Community Partnerships.* Los Angeles 2004; Merieau, L.: »The Human Factor: Addressing United Nations Staff Perceptions of the Business Community when forming Cross-sector Partnerships.« In: Journal of Corporate Citizenship, Issue 31, Autumn 2008, pp. 23–24.

23 Bazerman, M.: »Evaluating your Business Ethics: A Harvard professor explains why good people do unethical things.« In: *Gallup Management Journal online*, June 2008, pp. 1–5; Jones, Th. M. / Gautschi, F. H.: »Will the Ethics of Business Change? A Survey of Future Executives.« In: *Journal of Business Ethics*, Vol. 7, No. 4, 1988, pp. 231–248.

24 Kellerman, B.: *Followership. How Followers are Creating Change and Changing Leaders.* Harvard Business Press, Boston 2008.

25 White, D. / Lean, E.: »The Impact of Perceived Leader Integrity on Subordinates in a Work Team Environment.« In: *Journal of Business Ethics*, Vol. 81, No. 4, 2008, pp. 765–778; Posner, B. Z.: »Indi-

viduals' Moral Judgement and its Impact on Group Processes.« In: *International Journal of Management*, Vol. 3, No. 2, 1986, pp. 5–11; Nichols, M. L. / Day, V. E.: »A comparison of moral reasoning of groups and individuals on the ›defining issue test‹.« In: *Academy of Management Journal*, Vol. 25, 1982, pp. 201–208.

26 See Ardichvili, A. / Mitchell, J. / Jondle, D.: »Characteristics of Ethical Business Cultures.« In: *Journal of Business Ethics*, Vol. 85, No. 4, 2009, pp. 445–451.; Thomas, T. / Schermerhorn Jr., J. / Dienhart, J.: »Strategic leadership of ethical behavior in business.« In: *Academy of Management Executive* (serial online), Vol. 18, No. 2, 2004, pp. 56–66; and Ciulla, J. B. / Price, T. L. / Murphy, S. E. (eds.): *The Quest for Moral Leaders: Essays in Leadership Ethics*. Barnes & Noble, Cheltenham 2005.

27 See Resick, C. / Hanges, P. / Dickson, M. / Mitchelson, J. A.: »Cross Cultural Examination of the Endorsement of Ethical Leadership.« In: *Journal of Business Ethics* (serial online), Vol. 63, No. 4, 2006, pp. 345–359; and also Sama, L. / Shoaf, V.: »Ethical Leadership for the Professions: Fostering a Moral Community.« In: *Journal of Business Ethics* (serial online), Vol. 78, Nos. 1/2, 2008, pp. 39–46; Schwartz, M. / Dunfee, T. / Kline, M.: »Tone at the Top: An Ethics Code for Directors?« In: *Journal of Business Ethics* (serial online), Vol. 58, Nos. 1–3, 2005, pp. 79–100.

28 See Caldwell, C. / Hayes, L. / Bernal, P. / Karri, R.: »Ethical Stewardship – Implications for Leadership and Trust.« In: *Journal of Business Ethics* (serial online), Vol. 78, Nos. 1/2, 2008, pp. 153–164; and also Chun, R.: »Ethical Character and Virtue of Organizations: An Empirical Assessment and Strategic Implication.« In: *Journal of Business Ethics* (serial online), Vol. 57, No. 3, 2005, pp. 269–284.

29 On the great importance of compliance management, see Tyler, T. / Dienhart, J. / Thomas, T.: »The Ethical Commitment to Compliance: Building Value-Based Cultures.« In: *California Management Review* (serial online), Vol. 50, No. 2, 2008, pp. 31–51.

30 Davis, A. / Rothstein, H.: »The Effects of the Perceived Behavioral Integrity of Managers on Employee Attitudes: A Meta-Analysis.« In: *Journal of Business Ethics* (serial online), Vol. 67, No. 4, 2006, pp. 407–419.

31 See Leisinger, K. M.: *Whistleblowing und Corporate Reputation Management.* Rainer Hampp Verlag, Munich 2003.

32 Weber, M.: »Politik als Beruf.« In: Weber, M.: *Gesammelte politische Schriften.* 5th edition, J. C. B. Mohr/Paul Siebeck, Tübingen 1988, pp. 551–552.

33 See, for example, Sun Tzu: *The Art of War.* Shambhala, London 1991, p. 4 (written around 500 BC).

34 Platon: *Der Staat (Politeia).* DTB/Artemis, Munich 1991 (written around 400 BC).

35 Weber, M.: »Politik als Beruf.« In: Weber, M.: *Gesammelte politische Schriften.* 5th edition, J. C. B. Mohr/Paul Siebeck, Tübingen 1988, pp. 551–552 (given as a lecture in Munich in 1919).

36 See also Leisinger, K. M.: *Unternehmensethik. Globale Verantwortung und modernes Management.* C. H. Beck, Munich 1997, pp. 141–174.

37 Goldsmith, M.: *What Got You Here Won't Get You There.* Profile Books, London 2008, pp. 40–41, pp. 147 ff.; see also Johnson, C. E.: *Meeting the Ethical Challenges of Leadership. Casting Light or Shadow.* Sage, Thousand Oaks/London 2009, pp. 245 ff.

38 See Leisinger, K. M.: *Unternehmensethik. Globale Verantwortung und modernes Management.* C. H. Beck, Munich 1997, pp. 149–155; for in-depth reading: Janis, I. L.: *Groupthink. Psychological Studies of Policy Decisions and Fianscoes.* Houghton Mifflin. Boston 1982.

39 See Werhane, P. H. / Moriarty, B.: *Moral Imagination and Management Decision Making.* Business Roundtable, Institute for Corporate Ethics, University of Virginia, Darden 2009, and the case studies »Ford Pinto« and »Challenger« analysed there.

40 Thus the profile of skills that the Club of Rome considers necessary for »leadership« in modern times: Club of Rome: *Die Globale Revolution. Bericht des Club of Rome 1991.* Spiegel Spezial No. 2, Hamburg 1991, p. 109.

41 C. K. Prahalad in his column »The Responsible Manager«, in: *Harvard Business Review*, January–February 2010, p. 36.

42 In his last interview; see Jonas, H.: »Der ethischen Perspektive muß eine neue Dimension hinzugefügt werden.« In: *Deutsche Zeitschrift für Philosophie*, Vol. 41, No. 1, 1993, p. 98. From this fact he derived a critical view of democracy, e.g. for solving the environ-

mental crisis. Where elections are held every four years, he feels there is a risk that long-term or »remote obligations« are not fulfilled because of the day-to-day interests and near-term interests that need to be satisfied.

43 See Gellerman, S. W.: »Why ›good‹ managers make bad ethical choices.« In: *Harvard Business Review*, July–August 1986, pp. 85–90

44 See, for example, Hofsteller, K. / Hostettler, St.: »Langfristige variable Vergütungen als zentrale Anreize für Topmanager.« In: *Neue Zürcher Zeitung*, No. 190, August 19, 2009, p. 25.

45 See the interview with former Novartis COO Jörg Reinhardt in Ernst & Young (ed.): *Entrepreneur.* Stuttgart 2009, pp. 64–71.

46 See, for example, Badenhorst, J. A.: »Unethical Behaviour in Procurement. A Perspective on Causes and Solutions.« In: *Journal of Business Ethics*, Vol. 13, No. 9, 1994, pp. 739–745.

47 Just as Johann Heinrich Pestalozzi did about 150 years ago.

48 See Kant, I.: »Ideen zu einer allgemeinen Geschichte in weltbürgerlicher Absicht.« In: *Schriften zur Anthropologie, Geschichtsphilosophie, Politik und Pädagogik I.* Werkausgabe, Vol. XI, ed. by W. Weischedel. Suhrkamp Taschenbuch Wissenschaft, Frankfurt/M. 1968, p. 41. In the same essay, however, there is a statement which could be taken as a cue for the desirability of further moral training: »We are to a large degree cultivated by art and science. We are civilized, to excess, for all kinds of social pleasantry and decency. But there is still a great deal to be done before we can regard ourselves as moralized.« (p. 44).

49 See Coughlan, R. / Connolly, T.: »Investigating Unethical Decision at Work: Justification and Emotion in Dilemma Resolution.« In: *Journal of Managerial Issues*, Vol. 20, No. 3, 2008, pp. 348–365; Frey, R. / Sanford, J.: »Can you Teach Business Students to be Ethical?« In: *Grand Rapids Business Journal*, April 30, 2007; also Nelson, D. R. / Obremski, T. E.: »Promoting Moral Growth Through Intra-Group Participation.« In: *Journal of Business Ethics*, Vol. 9, No. 9, 1990, pp. 731–739; Johnson, H. L.: »Bribery in International Markets: Diagnosis, Clarification and Remedy.« In: *Journal of Business Ethics*, Vol. 4, No. 6, 1985, pp. 447–455. For arguments for and against, see Waples, E. / Antes, A. / Murphy, S. / Connelly, S. / Mumford, M. A.:

»A Meta-Analytic Investigation of Business Ethics Instruction.« In: *Journal of Business Ethics*, Vol. 87, 2009, pp. 133–151.

50 For example, Lane et al. dispute the existence of substantial empirical evidence that ethics training improves moral behaviour and the ethical quality of decisions; cf. Lane, M. S. / Schaupp, D. / Parsons, B.: »Pygmalion Effect: An Issue for Business Education and Ethics.« In: *Journal of Buiness Ethics*, Vol. 7, No. 3, 1988, pp. 223–229. Davis and Welton also consider the influence of the institutional environment to be stronger than ethical training for ethical secondary socialization; cf. Davis, J. R. / Welton, R. E.: »Professional Ethics: Business Students' Perceptions.« In: *Journal of Business Ethics*, Vol. 10, No. 6, 1991, pp. 451–463.

51 The fact that the consulting markets today offer one »crash course« after another on the subject of »ethics« is therefore all the more unfortunate. A »quick bleach« approach does not do justice to the complexity of ethical problems, nor does it lead to an improvement in the moral quality of actions. It just costs money and generates turnover for the institutes concerned. If training is to be provided, then it must be sustainable, i.e. spread over several training periods; see Callan, V. J.: »Predicting Ethical Values and Training Needs in Ethics.« In: *Journal of Business Ethics*, Vol. 11, No. 10, 1992, pp. 761–769.

52 In: *Kultur und Ethik*. C. H. Beck Verlag, Munich 1960, p. 117.

53 See Johnson, C. E.: *Meeting the Ethical Challenges of Leadership. Casting Light or Shadow.* Sage, Thousand Oaks/London 2009, pp. 137 ff.

54 Kant, I.: *Metaphysik der Sitten.* Werkausgabe, Vol. VIII. 9th edition, Suhrkamp, Frankfurt/M. 1991, pp. 320–321.

55 See Waples, E. / Antes, A. / Murphy, S. / Connelly, S. / Mumford, M. A.: »A Meta-Analytic Investigation of Business Ethics Instruction.« In: *Journal of Business Ethics*, Vol. 87, 2009, pp. 146–147; Maak, Th. / Ulrich, P.: *Integre Unternehmensführung. Ethisches Orientierungswissen für die Wirtschaftspraxis.* Schäffer Poeschel, Stuttgart 2007, pp. 471–472; also Tyson, Th.: »Believing that Everyone Else is Less Ethical: Implications for Work Behaviour and Ethics Instruction.« In: *Journal of Business Ethics*, Vol. 9, No. 9, 1990, pp. 715–721.

56 As e.g. the »Parable of Sadhu«. See Harvard Manager: *Unternehmensethik*, Vol. 1. Hamburg (no year), pp. 19–23.

57 See Boisjoly, R. P. / Curtis, E. F. / Mellican, E.: »Roger Boisjoly and the Challenger Disaster: The Ethical Dimension.« In: *Journal of Business Ethics*, Vol. 8, No. 4, 1989, pp. 217–230; Werhane, P. H.: »Engineers and Management: The Challenge of the Challenger Incident.« In: *Journal of Business Ethics*, Vol. 10, No. 8, 1991, pp. 605–616.

58 See Axelrod, R.: *Die Evolution der Kooperation*. 6th edition, Oldenbourg, Munich 2005.

59 Gellerman, S. W.: »Why ›good‹ managers make bad ethical choices.« In: *Harvard Business Review*, July–August 1986, pp. 85–90.

60 To this, Bert Brecht would say: »The opposite of ›good‹ is ›well-intentioned‹.«

61 Collins, D.: »Five Levees for Improving Ethical Performance.« In: *Strategic Finance*, Vol. 88, No. 1, 2006, pp. 19–61.

62 See, for example, www.integrityassessments.com.

63 Harshman, C. / Harshman, E.: »The Gordian Knot of Ethics: Understanding Leadership Effectiveness and Ethical Behavior.« In: *Journal of Business Ethics*, Vol. 78, Nos. 1/2, 2008, pp. 175–192.

64 Berenbeim, R. E.: »The Corporate Ethics Test.« In: *Business and Society Review*, Issue 63, Fall 1987, pp. 22–27.

65 See Harris, H. / Illes, K.: »Promoting and Assessing Integrity in the Research Degree.« In: *Electronic Journal of Business Ethics and Organization Studies*, Vol. 13, 2008, pp. 58–59; and also Barlow, C. / Jordan, M. / Hendrix, W.: »Character Assessment: An Examination of Leadership Levels.« In: *Journal of Business & Psychology*, Vol. 17, No. 4, 2003, pp. 563–584.

66 Longenecker, C. / Fink, L.: »Key criteria in the twenty-first century management promotional decisions.« In: *Career Development International*, Vol. 13, No. 3, 2008, pp. 243–244.

67 To explain this using a concrete example: many specialists in business and corporate ethics demand »social justice« — claiming deeper insight into what this term means. But the term, which is often used with the claim of being universally applicable, usually represents only one perspective among many.

68 Krohe writes: »While testing is better than not testing, there are

many more bad tests than good ones.« See Krohe Jr, J.: »Are Workplace Tests Worth Taking?« In: *Across the Board*, Vol. 43, No. 4, 2006, pp. 16–23; Neumann, G. A. / Baydoun, R.: »An Empirical Examination of Overt and Covert Integrity tests.« In: *Journal of Business & Psychology*, Vol. 13, Issue 1, 1998, pp. 65–79; Harris, H. / Illes, K.: »Promoting and Assessing Integrity in the Research Degree.« In: *Electronic Journal of Business Ethics and Organization Studies*, Vol. 13, 2008; see also Loviscky, G. et al.: »Assessing Manager's Ethical Decision-making: An Objective Measure of Managerial Moral Judgement.« In: *Journal of Business Ethics*, Vol. 73, No. 3, 2007, pp. 263–285; and Ones, D. et al.: »Controversies over Integrity Testing: Two View Points.« In: *Journal of Business & Psychology*, Vol. 4, No. 4, 1996, pp. 487–488.

69 See Kohlberg, L.: »Moral Stages and Moralization: The Cognitive-Developmental Approach.« In: Lickona, T. (ed.): *Moral Development and Behaviour. Theory, Research, and Social Issues.* Harper & Row, New York 1976, pp. 31–53.

70 Harris, H. / Illes, K.: »Promoting and Assessing Integrity in the Research Degree.« In: *Electronic Journal of Business Ethics and Organization Studies*, Vol. 13, 2008; Maclagan, P.: »Management Development and Business Ethics: A View from the U.K.« In: *Journal of Business Ethics*, Vol. 11, No. 4, 1992, pp. 321–328.

71 See also Price, T. L.: *Leadership Ethics. An Introduction.* Cambridge University Press, Cambridge 2008.

72 Davis, A. / Rothstein, H.: »The Effects of the Perceived Behavioral Integrity of Managers on Employee Attitudes: A Meta-analysis.« In: *Journal of Business Ethics*, Vol. 64, No. 4, 2006, pp. 416–417.

73 Fulmer, R.: »The Challenge of Ethical Leadership.« In: *Organizational Dynamics*, Vol. 33, No. 3, 2004, pp. 307–317.

74 The statements on the role of trust in the prosperity and development potential of societies can be readily applied to companies. See Fukuyama, F.: *Trust. The Social Virtues and the Creation of Prosperity.* Free Press, New York 1996.

75 William Shakespeare: *Julius Caesar*, Brutus, Act IV, Scene III.

Global Economic Ethic as Transcultural Management
Josef Wieland

1 Hobbes 1985, chapter 15.
2 Cf. Küng 2003.
3 For this idea see the German writer Bernhard Schlink (2009): »The decisive point is in fact the problem of borders of morality and its overcoming; the problem of coordination and cooperation, the distribution and the balance transcending nations, beyond nations and their spheres of interests and influences.«
4 This following Schlink's point of view, see Schlink 2009.
5 Cf. Dunning 2003.
6 Cf. Welsch 1999, 2009.
7 Küng 1990.
8 Cf. Wieland 2006; Wieland 2001.
9 Cf. Welsch 1999.
10 Cf. Wieland 2006.
11 Wieland / Grüninger 2003: Compare for the North American roots of values management: Hoffman, McCoy, Weaver / Treviño.
12 Leisinger in his speech at the symposium »Global Economic Ethic – Consequences for Global Businesses« on October 6, 2009; see: www.globaleconomicethic.org.
13 For this discussion see Donaldson 1989, 1993.
14 In the eudaimonian understanding.
15 Wieland 2001.

How can we manage values?
Josef Wieland

1 This article is a conceptionally revised version of my article on values management in: Wieland (Hg.), Handbuch Wertemanagement, 2004.
2 Cf. The Center for Business Ethics 1992; ECOA: www.theecoa.org// AM / Template.cfm?Section=Home.
3 See: www.bauindustrie-bayern.de / englisch.html.
4 Cf. Wieland 2003, Wieland / Grüninger 2003.

5 Cf. Brandenburger / Nalebuff 1998; cf. Dixit / Nalebuff 1991.
6 Cf. Harvey/Allard 2002; De Bono 2008.
7 Cf. Wieland 2005.
8 Cf. Wieland 2003.
9 Cf. also Wieland 2003; Wieland 2005.
10 See: www.dnwe.de/tl_files/ZfW/wms.pdf.
11 www.dnwe.de/anwenderrat.html.
12 Cf. the report of the Italian government »CSR-SC Project«; www.eurofound.europa.eu/eiro/2003/01/feature/it0301104f.htm.

Bibliography

The Global Economic Crisis Requires a Global Ethic
The Manifesto for a Global Economic Ethic
Hans Küng

Dunning, John H.: *Global Capitalism at Bay.* London 2001.

Dunning, John H. (ed.): *Making Globalization Good. The Moral Challenges of Global Capitalism.* Oxford 2003.

Küng, Hans: *Global Responsibility. In Search of a New World Ethic.* New York 1991, London 1991.

Küng, Hans (ed.): *Yes to a Global Ethic.* New York 1996, London 1996.

Küng, Hans: *A Global Ethic for Global Politics and Economics.* London 1997, New York 1998.

Küng, Hans (ed.): *Globale Unternehmen – globales Ethos. Der globale Markt erfordert neue Standards und eine globale Rahmenordnung.* Frankfurt/M. 2001.

Küng, Hans / Homolka, Walter: *How to Do Good & Avoid Evil. A Global Ethic from the Sources of Judaism.* Woodstock, Vermont 2009.

Küng, Hans / Schmidt, Helmut (eds.): *A Global Ethic and Global Responsibilities. Two Declarations.* London 1998, New York 1999.

Küng, Hans / Senghaas, Dieter (Hrsg.): *Friedenspolitik. Ethische Grundlagen internationaler Beziehungen.* Munich 2003.

Picco, Giandomenico et al.: *Crossing the Divide. Dialogue among Civilizations.* South Orange, NJ, 2001. Co-authors: Aboulmagd, Kamal; Arizpe, Lourdes; Ashrawi, Hanan; Cardoso, Ruth; Delors, Jacques; Gelb, Leslie; Gordimer, Nadine; Hassan bin Talal; Kapitza, Sergey; Kawai, Hayao; Koh, Tommy; Küng, Hans; Machel, Graça; Sen, Amartya; Jian, Song; Spring, Dick; Weiming, Tu; Weizsäcker, Richard von; Zarif, Javad.

Global Economic Ethic as Transcultural Management
Josef Wieland

Donaldson, Thomas: *The Ethics of International Business.* Oxford University Press, Oxford 1989.

Donaldson, Thomas: »When in Rome, Do … What? International Business and Cultural Relativism.« In: Minus, Paul M. (ed.): *The Ethics of Business in a Global Economy.* Kluwer, Dordrecht 1993, pp. 68–78.

Dunning, John H.: »The Moral Imperatives of Global Capitalism: An Overview.« In: Dunning, John H.: *Making Globalization Good.* Oxford Scholarship Online Monographs, Oxford, 2003, pp. 11–41.

Hobbes, Thomas: *Leviathan.* Edited with an introduction by Crawford B. Macpherson. Penguin, London 1985.

Hoffman, W. M. / Driscoll, D.-M.: *Ethic Matters. How to Implement Values-Driven Management.* Waltham: Bently College Center for Business Ethics, 1992.

Hoffman, W. M. / Frederick, R. (Eds): *Business Ethics: Readings and Cases in Corporate Morality.* New York: McGraw-Hill, 1995.

Küng, H.: *Projekt Weltethos.* Piper, München, 1990.

Küng, Hans: »An Ethical Framework for the Global Makert Economy.« In: Dunning, John H. (ed.): *Making Globalisation Good. The Moral Challenge of Global Capitalism.* Oxford University Press, Oxford 2003.

McCoy, C. S.: *Management of Values.* Ballinger Pub & Co, 1985.

Schlink, Bernhard: »Das Moralische versteht sich von selbst.« In: *Merkur, Zeitschrift für Europäisches Denken*, No. 722, July 2009, pp. 557–569.

Weaver, G. R. / Treviño, L. K.: »Compliance and Values Oriented Ethics Programs: Influences on Employees' Attitudes and Behavior«. In: *Business Ethics Quarterly.* Vol. 9, Issue 2, 1999, pp. 315–335.

Welsch, Wolfgang: »Transculturality – the Puzzling Form of Cultures Today.« In: Featherstone, Mike / Lash, Scott (eds.): *Spaces of Culture: City, Nation, World.* Sage, London 1999, pp. 194–213.

Wieland, Josef: »The Ethics of Governance.« In: *Business Ethics Quarterly*, Vol. 11, No. 1, 2001, pp. 73–87.

Wieland, Josef (ed.): *Standards and Audits for Ethics Management Systems – The European Perspective.* Springer, Berlin 2003.
Wieland, Josef: »Corporate Governance, Values Management, and Standards. The European Perspective.« In: Rossouw, Deon / Sison, Alejo José (eds.): *Global Perspectives on the Ethics of Corporate Governance.* Palgrave MacMillan, Hampshire 2006; first published in: *Business & Society*, Vol. 44, No. 1, 2005, pp. 74–93.
Wieland, Josef / Grüninger, Stephan: »Values Management Systems and their Auditing: Concepts, Instruments and Empirical Experiences.« In: Wieland, Josef (ed.): *Standards and Audits for Ethics Management Systems – The European Perspective.* Springer, Berlin 2003, pp. 119–147.
Wieland, Josef / Steinmeyer, Roland / Grüninger, Stephan: *Handbuch Compliance-Management. Konzeptionelle Grundlagen, praktische Erfolgsfaktoren, globale Herausforderungen.* ESV Verlag, Berlin 2010.

How can we manage values?
Josef Wieland

De Bono, Silvio: *Managing Cultural Diversity.* Meyer & Meyer Media, Maidenhead 2008.
Dixit, Avinash K. / Nalebuff, Barry J.: *Thinking Strategically: Competitive Edge in Business, Politics and Everyday Life.* W. W. Norton & Company: New York/London 1991.
Harvey, Carol / Allard, M. June: *Understanding and Managing Diversity.* Prentice Hall, New York 2002.
Wieland, Josef: »ValuesManagementSystem^ZfW^: A New Standard for Values Driven Management.« In: Wieland, Josef (ed.): *Standards and Audits for Ethics Management Systems – The European Perspective.* Springer, Berlin 2003.
Wieland, Josef / Grüninger, Stephan: »Values Management Systems and their Auditing: Concepts, Instruments and Empirical Experiences.« In: Wieland, Josef (ed.): *Standards and Audits for Ethics Management Systems – The European Perspective.* Springer, Berlin 2003, pp. 119–147.

Wieland, Josef: »Corporate Governance, Values Management, and Standards. The European Perspective.« In: *Business & Society*, Vol. 44, No. 1, 2005, pp. 74–93; published in: Rossouw, Deon / Sison, Alejo José (eds.): *Global Perspectives on the Ethics of Corporate Governance.* Palgrave MacMillan, Hampshire 2006.
Wieland, Josef: »Wozu Wertemanagement? Ein Leitfaden für die Praxis.« In: Wieland, Josef (ed.), *Handbuch Wertemanagement.* Murmann, Hamburg 2004, pp. 13–52.

Über die Autoren / About the Authors

Prof. Dr. **Hans Küng** ist Theologe und Philosoph und Autor einer Vielzahl von Werken. Er ist Präsident der Stiftung Weltethos (Tübingen und Zürich). Von 1960 bis zu seiner Emeritierung 1996 war er Professor für Ökumenische Theologie und Direktor des Instituts für Ökumenische Forschung an der Universität Tübingen. Er lehrte als Gastprofessor in New York, Basel, Chicago, Ann Arbor/Michigan und Houston/Texas. Von 1962 bis 1965 war er auf Ernennung durch Papst Johannes XXIII. als offizieller theologischer Berater (Peritus) am Zweiten Vatikanischen Konzil tätig. Hans Küng ist Mitherausgeber mehrerer Zeitschriften und Verfasser vieler Bücher, die in zahlreiche Sprachen übersetzt wurden. Er entwarf die »Erklärung zum Weltethos« des Parlaments der Weltreligionen 1993 sowie den Vorschlag des InterAction Council für eine »Allgemeine Erklärung der Menschenpflichten« 1997. Im Jahre 2001 wurde er mit Richard von Weizsäcker vom damaligen UN-Generalsekretär Kofi Annan in eine »Gruppe hochrangiger Persönlichkeiten« berufen, die für die Vereinten Nationen das Manifest »Brücken in die Zukunft« verfasste. 2007 wurde er Vorstandsmitglied beim von Kofi Annan einberufenen Global Humanitarian Forum (Genf).

Er ist Träger zahlreicher Auszeichnungen und Ehrendoktorate verschiedener Universitäten.

Prof. Dr. **Hans Küng**, scholar of theology and philosophy and a prolific writer. He is President of the Global Ethic Foundation (Stiftung Weltethos). From 1960 until his retirement in 1996, he was Professor of Ecumenical Theology and Director of the Institute for Ecumenical Research at the University of Tübingen. He has held guest professorships in New York, Basel, Chicago, Ann Arbor / Michigan and Houston / Texas. From 1962 to 1965, he served as official theological consultant (Peritus) to the Second Vatican Concil appointed by Pope John XXIII. Hans Küng is co-editor of several journals and has written many books, which have been translated into different languages. He drafted »The Declaration Toward a Global Ethic« of the Parliament of the World's Religions in 1993 and the proposal of the InterAction Council for a Universal Declaration of Human Responsibilities in 1997. Hans Küng was invited in 2001 by the UN Secretary-General as a member of the Group of Eminent Persons, who are co-authors of the Manifesto for the UN »Crossing the Divide: Dialogue among Civilizations«. In 2007 he became a member of the board of the Global Humanitarian Forum (Geneva) convened by Kofi Annan.

Hans Küng holds numerous awards and honorary degrees from several universities.

Prof. Dr. **Klaus M. Leisinger** ist Präsident und CEO der Novartis Stiftung für Nachhaltige Entwicklung. Mit ihren Think-Tank-Aktivitäten, dem Networking und der philanthropischen Arbeit gilt sie als eine einzigartige Institution im Privatsektor und hat Konsultativstatus bei den Vereinten Nationen (ECOSOC). Er verbrachte mehrere Jahre als Geschäftsführer des pharmazeutischen Regionalbüros der damaligen CIBA in Ostafrika. Nach seiner Rückkehr in die Schweiz war er für internationale Beziehungen des Unternehmens verantwortlich. Gleichzeitig führte er über 25 Jahre die humanitären Initiativen und Programme der Entwicklungszusammenarbeit des Unternehmens.

Neben seiner Tätigkeit bei Novartis ist Klaus M. Leisinger Professor für Soziologie an der Universität Basel und lehrt als Gastprofessor an zahlreichen europäischen und amerikanischen Universitäten, zum Beispiel an der University of Notre Dame, der MIT Sloan School of Management (Cambridge) und an der Harvard Universität. Er ist Mitglied der Europäischen Akademie der Wissenschaft und Künste. 2004 erhielt er den Ehrendoktor für Theologie der Universität Fribourg (Schweiz).

Klaus M. Leisinger arbeitete in zahlreichen Beraterfunktionen für Organisationen wie den UN Global Compact, das Entwicklungsprogramm der Vereinten Nationen (UNDP), die Weltbank, die Beratungsgruppe für Internationale Agrarforschung (CGIAR), die Asian Development Bank und die Entwicklungskommission von Lateinamerika (ECLA). Des Weiteren ist er Kuratoriumsvorsitzender des Deutschen Netzwerks Wirtschaftsethik.

Bis Dezember 2006 diente er Kofi Annan als Sonderberater des UN-Generalsekretärs für den UN Global Compact.

Prof. Dr. **Klaus M. Leisinger** is President and Chief Executive Officer at the Novartis Foundation for Sustainable Development with its think tank, networking and philanthropic work which is unique in the private sector. Klaus Leisinger spent several years in East Afrika as CEO of the former CIBA Pharmaceuticals regional office. Furthermore, he led the company's philanthropy and development assistance programs for more than 25 years.

In addition to his position at Novartis, Klaus M. Leisinger is Professor of Sociology at the University of Basel and serves as invited lecturer or guest professor at several European and US-American universities, e.g. the University of Notre Dame, the MIT Sloan School of Management (Cambridge) and at Harvard University. He has held numerous advisory positions in organizations such as the UN Global Compact, the UN Development Program, the World Bank, the Consultative Group on International Agricultural Research (CGIAR), The Asian Development Bank as well as the Economic Commission for Latin America. He also serves as the President of the Board of Trustees of the German Network Business Ethics. Until December 2006, he also served as the Special Advisor of the UN Secretary-General for the UN Global Compact.

Prof. Dr. **Josef Wieland** ist seit 1995 Professor für Allgemeine Betriebswirtschaftslehre mit Schwerpunkt Wirtschaftsethik an der HTWG Konstanz. Er ist Direktor des Konstanz Instituts für WerteManagement (KieM) und des Zentrums für Wirtschaftsethik (ZfW). Er ist Träger des Max-Weber-Preises für Wirtschaftsethik des BDI 1999 und des Preises für Angewandte Forschung des Landes Baden-Württemberg 2004.

Josef Wieland ist Mitglied des Arbeitsausschusses »Gesellschaftliche Verantwortung von Organisationen« (NASG-AA 1) und arbeitet seit dessen Beginn an der Entwicklung des Standards ISO 26000 »Guidance Document on Social Responsibility« mit. Seit Anfang 2009 ist er Mitglied im vom Bundesministerium für Arbeit und Soziales (BMAS) initiierten CSR-Forum und darin Leiter der Arbeitsgruppe »Schaffung eines CSR-förderlichen Umfeldes«.

Nicht nur in der Lehre, Forschung und Entwicklung von Standards ist er führend tätig, sondern auch in der Praxis durch unternehmensberatende Tätigkeiten. Hierzu gehören die Entwicklung und Implementierung eines WerteManagementSystems und eines Werte-Audit-Systems, unter anderem für den Bayerischen Bauindustrieverband, und Monitoring-Tätigkeiten für die EBRD.

Seine Forschungs- und Arbeitsschwerpunkte sind unter anderem: Corporate Governance, Business Ethics, Werte-Management, Compliance Management.

Josef Wieland ist Autor und Herausgeber zahlreicher Bücher, darunter zum Wertemanagement, zur Governanceethik und zum Compliance Management.

Prof. Dr. **Josef Wieland** has been Professor for Business Administration and Economics specializing in Business Ethics at the HTWG University of Applied Sciences, Constance, since 1995. He is Head of the Constance Institute for Intercultural Management, Values and Communication (KieM) and the Centre for Business Ethics (ZfW). He was awarded the Max Weber Prize for Business Ethics by the German Federation of Indstries (BDI) in 1999 and the Prize for Applied Research by the state of Baden-Württemberg in 2004.

Josef Wieland is a member of the working committee for »Social Responsibility of Organizations« (NASG-AA1) and has collaborated since its beginnings on developing the standard ISO 26000 »Guidance Document on Social Responsibility«. Since early 2009, he has been a member of the CSR Forum, which was initiated by the Federal Ministry for Employment and Social Affairs, and the director of the working group »Creating a CSR-1romoting environment«.

He is not only a leading personality in teaching, researching and developing standards, but also in putting them into practice through his consulting activities. This includes the development and implementation of a Values Management System and a Values Audit System, for the Bavarian Construction Industry Association, among others, and monitoring activities for the EBRD.

His main areas of work and research are: corporate governance, business ethics, values management, compliance management.

Josef Wieland is author and editor of numerous books on themes such as values management, governance ethics, and compliance management.